AI와 스포츠 애널리틱스

AI총서

인공지능 시대입니다. 기계가 인간의 인지를 대신하고, 사물이 인간을 통하지 않고 다른 사물과 직접 커뮤니케이션합니다. 이에 따른 인간 삶과 문명 변화를 정확히 이해·예측·대응하는 것은 이 시대 우리 모두의 과제입니다. AI총서는 인공지능 기술과 환경의 여러 주제를 10가지 키워드로 정리합니다. 관련 개념과 이론, 학계와 산업계의 쟁점, 우리 일상의 변화를 다룹니다. 인간과 기술의 현재, 미래를 세심히 분석합니다.

일러두기

- 인명, 작품명, 저서명, 개념어 등은 한글과 함께 괄호 안에 해당 국가의 원어를 병기했습니다.
- 외래어 표기는 현행 어문규정의 외래어표기법을 따랐습니다.

처음이세요?

전문가세요?

AI와 스포츠 애널리틱스

김필수·이상현·전성삼

대한민국, 서울, 커뮤니케이션북스, 2025

AI와 스포츠 애널리틱스

지은이 김필수·이상현·전성삼
펴낸이 박영률

초판 1쇄 펴낸날 2025년 12월 19일

커뮤니케이션북스(주)
출판 등록 2007년 8월 17일 제313-2007-000166호
02880 서울시 성북구 성북로 5-11
전화(02) 7474 001, 팩스(02) 736 5047
commbooks@commbooks.com
www.commbooks.com

ISBN 979-11-430-1321-7 03500

책값은 뒤표지에 표시되어 있습니다.

차례

스포츠 애널리틱스, AI를 만나다

스포츠는 인류의 역사와 궤를 함께하며, 단순한 오락이나 경쟁의 수단을 넘어, 인류 문명의 문화적 · 사회적 · 경제적 구조 속에 깊숙이 뿌리내려 온 복합적 현상이었다. 고대 올림피아 제전에서부터 현대의 글로벌 프로스포츠 리그에 이르기까지, 스포츠는 육체적 한계에 대한 도전과 전략적 창의성, 그리고 조직적 협력의 결실이 교차하는 순간마다 승리를 추구하는 인간 본성을 통해 새로운 서사가 탄생하였다. 경기장의 열기, 비선형적 전개가 빚어내는 반전, 승패의 미세한 차이가 불러일으키는 응집된 감정의 폭발은 스포츠를 '놀이'의 영역에서 '사회문화적 제도'로 격상시켰으며, 그 과정에서 국적 · 세대 · 계층을 가로지르는 사회적 연대의 매개로 기능해 왔다. 그리고 지금, 스포츠는 인공지능과 데이터 혁명의 한가운데에서 새로운 분기점을 맞이하고 있다. AI와 스포츠 애널리틱스의 결합은 더는 미래의 이야기가 아니라, 이미 우리의 눈앞에서 경기의 방식, 운영의 원리, 그리고 팬 경험의 본질을 바꾸고 있다.

오늘날 스포츠는 전례 없는 디지털 전환(Digital Transformation)의 파고 한가운데에 있다. 이제 스포츠는 단순한 신체 능력의 겨루기나 직관에 의존한 전략 수립과 실행의 장에 머물지 않는다. 현대 스포츠는 데이터와 첨단 과학 기술이 정교하게 융합된 초정밀 고부가가치 산업이자, 실시간 의사 결정이 과학적으로 지원되는 응용과학의 영역으로 진화하고 있다. 이 변화의 심장에는 인공지능(Artificial Intelligence, AI)이 자리한다. AI는 경기장 안에서의 전술적 수행과 운영, 경기 밖의 경영 · 마케팅 · 미디어 · 팬 커뮤니케이션, 규칙과 거버넌스 설계에 이르기까지 전 범위에 걸쳐 변화를 촉발한다. 스포츠의 영역에서 과거에는 상상하기 어려웠던 예측과 자동화, 개인화의 가능성을 현실로 전환하는 동시에, 예측 정확성의 향상이라는 긍정적 효과와 윤리적 딜레마, 데이터 주권, 알고리즘 편향, 공정성의 재정의라는 복합적 사회 현상이 나타나고 있다.

무엇보다 AI는 상징적 미래 기술이 아니라 이미 다양한 산업의 핵심 인프라로 작용하고 있다. 의료 영역에서 질병의 조기 발견, 금융 시장의 변동성 예측, 제조업 현장에서의 공정 최적화, 맞춤형 교육 콘텐츠 제공, 복잡한 글로벌 물류망의 효율화에 이르기까지, AI는 이미 다수

산업에서 핵심적인 분석과 자동화의 표준을 재설정하였다. 스포츠 산업은 이러한 기술 혁신의 흐름에서 결코 예외일 수 없다. 오히려 스포츠는 AI 상용화와 성능 검증에서 이상적인 실험실(Testbed)로 기능하며 기술 발전의 중요한 이정표를 제시하고 있다.

스포츠 경기를 통해 생성되는 데이터는 그 자체로 방대할 뿐만 아니라, 실시간성 · 정확성 · 성과 지표의 명료성이라는 특성을 동시에 갖추고 있기 때문이다. 이는 AI 모델이 학습하고 검증되기 위한 최적의 토양이다. 실제 경기에서는 선수의 움직임, 공의 궤적, 심판의 판정, 관중의 반응이 초당 수백 기가바이트의 정형 · 비정형 데이터로 생산된다. 이 고품질 데이터는 알고리즘의 성능을 정밀하게 조정하고, 새로운 분석 기법의 유효성을 빠르게 검증하게 한다. 그 결과 스포츠와 AI는 일방적 적용 관계를 넘어, 서로의 발전을 가속하는 순환적 · 상호보완적 생태계를 형성한다. 선수 퍼포먼스 예측에 최적화된 시계열 · 강화 학습 · 그래프 모델이 물류 경로 최적화나 금융 위기관리로 역전 이전되는 사례가 드물지 않은 이유다.

AI가 만들어 낸 스포츠 현장의 변혁은 이미 곳곳에서 확인된다. 먼저 판정의 영역에서 공정성은 '측정 가능한 규범'이 되었다. MLB의 전자 스트라이크존은 초고속 카메라와 3D 궤적 복원을 결합해 인간 시각이 포착하기 어려운 미세한 궤적까지 재현함으로써 판정의 일관성과 정확성을 비약적으로 높였다. 테니스의 호크아이는 공의 낙하지점을 정밀하게 판정해 오심 가능성을 최소화했고, 축구의 오프사이드와 골라인 판정은 주요 리그에서 사실상 공정성의 기술 표준으로 자리 잡았다. 농구의 파울 판정 역시 영상 기반 요점 검출과 이벤트 탐지의 고도화에 따라 자동 보조의 도입 가능성이 커지고 있다. 판정의 자동화와 정밀성의 확보는 단지 오류를 줄이는 기술이 아니라, 공정성에 대한 신뢰를 회복하고 규칙과 진행 철학 전반에 새로운 논의를 촉발하는 제도적 장치다. 다만 여기에는 데이터 품질 관리, 알고리즘 설명 가능성(explainability), 오류 시 시정 절차 등 투명한 거버넌스 조건이 수반되어야 한다.

선수 평가 및 스카우팅 분야에서도 AI는 전통적 방식의 한계를 넘어 혁신적인 변화가 일어나고 있다. 유럽 프로축구와 미국 프로농구(NBA)는 이미 머신러닝 기반 평가와 예측을 선수 영입 의사 결정과 경기력 평가에 주요한 절차로 편입했다. 이는 단순한 박스스코어 요약을 넘어, 선수의 실시간 플레이 데이터(이동 거리, 가속 · 감속, 패스 성공률, 압박 강도), 상황별 움직임 패턴, 훈련 중 생체 반응(심박 변이도, 근전도, 수면 · 회복 지표), 비정형 신호(소셜 미디어 반응, 언론 평가, 팬 몰입 지표)까지 통합한다. 이러한 다중 신호를 토대로 산출되는 '잠재력 점수(Potential Score)'와 '시장 가치 지수(Market Value Index)'는 주관적 평정의 편차를 줄이고, 영입 리스크를 관리하며, 유망 선수의 조기 발굴과 팀 내 역할 최적화를 가능하게 한다. 국내에서도 한국스포츠경영전략연구원이 감독과 선수의 가치를 예측 · 평가하고 연봉 산정에 설명 가능 AI(XAI)를 접목하는 메커니즘을 개발하여 적용하고 있다. 예산과 인력이 제한된 구단일수록 이러한 AI 모델은 자원 배분의 효율성과 투자 성과를 극대화하는 팀에 최적화된 선수를 영입하고 활용하는 핵심 전략으로 주목받고 있다. 더 나아가 스포츠의 경쟁 구도 자체를 더욱 공정하고 예측 가능한 방향으로 변화시키고 있다. 이는 또한 선수들의 계약 연봉 협상에도 과학적인 근거를 제공하며, 선수 시장의 효율성을 증대시키는 효과를 가져온다.

국내 스포츠 현장에서도 이러한 글로벌 패러다임에 발맞추어 혁신은 가속 중이다. 국민체육진흥공단의 경륜 · 경정 'AI Pick'은 공공이 보유한 방대한 경주 기록을 실시간 예측 콘텐츠로 전환해 매출 성장을 견인했을 뿐 아니라, 예측 근거를 시각화·설명함으로써 정보 접근성과 사용자 신뢰를 동시에 높였다. 공공-민간 협력이 사회적 가치와 산업적 수익성을 동시 달성할 수 있는 공유 가치 창출(Creating Shared Value, CSV)을 증명한 사례라고 볼 수 있다. 프로스포츠 구단들도 경기 데이터 분석과 컨디셔닝 최적화, 팬 서비스 개인화에 AI를 적용하고 있으며, 일부는 자체 분석 스택을 구축했다. KBO 리그의 한화 이글스의 경우 훈련·근력·관절 부하 데이터를 통합해 부상 위험 조기 경보와 맞춤형 훈련 설계를 구현, 시즌 부상률을 유의미하게 낮췄다는 보고가 있다. K리그는 AI 챗봇으로 관람권·좌석·동선·편의 안내까지 실시간 응대하며 팬 경험을 고도화하고 있다. 이러한 사례는 AI가 단순 보조 기능을 넘어 운영 구조, 비즈니스 모델, 소비 경험을 재설계하는 동인임을 입증한다.

AI 분석의 파급력은 경기력과 전략을 넘어 선수들의 부상 예방과 생애 주기 관리로 확장되고 있다. 웨어러블과 컴퓨터 비전이 수집하는 미세 운동 역학과 생리적 부하 데이터를 통합하여 피로 누적과 미세 손상 신호의 사전 감지가 가능하다. 머신러닝 기반 위험 예측 모델은 특정 자세나 기술 동작에서의 과부하 패턴을 식별해 교정

훈련과 로드 매니지먼트를 설계하고, 복귀 시점 결정과 재부상 위험 최소화를 지원한다. 이와 같은 예측과 개입 프레임은 유소년, 아마추어, 재활 단계에서도 같은 효과를 기대할 수 있다. 경기 중에는 지능형 의사 결정 지원 시스템(IDSS)이 라인업 · 교체 · 전술 전환의 기댓값을 계산해 감독과 코치진의 판단을 보조하고, 하프타임에는 포지셔닝 · 압박 강도 · 패스 네트워크의 효율성을 시뮬레이션으로 제시한다. 계산은 직관을 대체하지 않는다. 다만 직관을 더 좋은 데이터로 교정하는 학습의 과정을 만든다.

팬 경험과 수익화의 영역에서도 AI는 구조적 변화를 이끌고 있다. 다이내믹 프라이싱은 수요, 경쟁, 날씨, 미디어 노출, 좌석 속성, 구매 시점 등의 탄력성을 통합해 좌석 점유율과 관람권 수익을 동시에 최적화한다. CRM, POS, SNS, 앱에서 구축될 수 있다. 소비자 행동 데이터는 팬의 라이프타임 가치(LTV)를 추정하고, 맞춤형 콘텐츠, 프로모션, 이벤트에 관한 자동 큐레이션이 가능하도록 설계할 수 있다. 스마트 스타디움은 동선 예측과 혼잡도 분석으로 인력, 재고, 안전을 효율화하고, 실시간 감정, 몰입 지표로 응원 연출과 미디어 콘텐츠를 조정하는 것으로 기술 발전이 진화되고 있다. 이 모든 것은 단기 매출의 극대화가 아니라, 설명 가능성, 프라이버시, 동의 체계 위에서 장기적 브랜드 자산과 커뮤니티 신뢰가 지속할 수 있도록 구축하는 방향에서 AI가 적용되고 있다.

물론 기회만 있는 것은 아니다. AI 기반의 예측 실패의 책임은 어디에 귀속되어야 하는가? 모델의 편향은 누구에게 유리하고 누구에게 불리한가? 선수와 팬 데이터는 어떤 범위와 목적 아래 수집되고 활용되어야 하는가? 데이터 비식별화와 권리 보호는 어떻게 보장할 것인가? 승산과 확률의 언어가 인간 드라마의 감동을 상쇄하지 않도록 해설과 연출의 언어는 어떻게 설계되어야 하는가? 이러한 질문들은 기술 부록이 아니라 설계도의 전제 조건이다. '인간 최종 책임' 원칙, 설명 가능 AI의 의무적 도입, 데이터 최소 수집과 목적 제한, 표준화 및 감사 가능한 거버넌스, 문화적 서사의 보존 등은 스포츠 AI의 설계 원칙이어야 한다.

책의 구성

책은 이러한 맥락 위에서 10개의 장으로 구성된다. 《AI와 스포츠 애널리틱스》는 단순히 최신 기술을 해설하거나 몇 가지 성공 사례를 나열하는 차원의 피상적 저술에 머무르지 않는다. 오히려 이 책은 스포츠와 인공지능의 융합이 초래하는 거시적 변화와 미시적 혁신, 그리고 앞으로의 산업 지형 재편을 다층적으로 분석하고 해석하는 전략적 보고서이자 심층적인 통찰서다. 이 책은 기술 자체의 설명을 넘어서, 실제 스포츠 현장에서의 적용 과정에서 드러나는 기회와 제약, 그리고 그와 연계된 산업 · 정책 · 문화 전반의 구조적 변화까지 포괄적으로 탐구한다.

이를 통해 독자는 단순한 지식 습득을 넘어 곧바로 현장에서 활용할 수 있는 전략적 사고 도구와 실천적 지침을 얻게 된다. 각 장은 질문-데이터-모델-결정이라는 분석 프레임을 일관되게 준거로 삼으며, 주장-근거-한계-적용이라는 논리적 질서를 철저히 따른다. 특히 '한계를 먼저 인정한다'라는 점은 이 책의 핵심 집필 철학 중 하나다. 데이터 분석과 전략 수립은 언제나 불확실성을 전제로 할 때 더욱 견고해진다. 스포츠와 AI의 결합 과정에서도 완전한 예측이나 절대적인 해답은 존재하지 않으며, 이 불완전성과 불확실성은 오히려 분석의 진정성을 높이고 의사 결정의 현실성을 강화하는 중요한 요소로 작용한다.

1장 '스포츠 애널리틱스 혁신 서막'에서는 스포츠 애널리틱스의 개념을 단순 정의 차원을 넘어 역사적 · 철학적 맥락 속에서 재정립한다. 통계 기반 분석이 과거에는 경기 종료 후 수집된 데이터를 바탕으로 한 정적 보고서 형태였다면, 오늘날에는 실시간 데이터 스트리밍과 인공지능 기반 예측 분석을 결합한 동적 · 처방적(predictive & prescriptive) 패러다임으로 진화했다. 이 장은 특히 AI 도입이 데이터 분석의 시간적 차원을 어떻게 확장했는지, 그리고 예측 가능성을 비약적으로 고도화한 기술적 경로가 어떠했는지를 구체적 사례와 함께 규명한다.

2장 '세이버메트릭스와 AI'에서는 야구의 세이버메트릭스(Sabermetrics)를 핵심적인 축으로 삼아, 전통적 정량 분석 방법론이 머신러닝 · 딥러닝 · 자연어 처리 등 AI 기법과 융합하면서 맥락적 · 상황 반응형 고급 지표로 진화하는 과정을 추적한다. 여기서는 AI가 단순히 기존 지식을 보완하는 수준을 넘어, 지표 설계와 데이터 해석의 방식 자체를 재구성하는 메커니즘을 실증 사례와 함께 제시한다.

3장 'AI · 데이터 기반 선수 가치 평가'는 AI가 선수 평가 체계에 미치는 구조적 변화를 다룬다. 여기에는 선수 가치 예측, 포지션 재정의, 플레이 스타일 유형화, 감독 리더십 분석, 팀 운영 효율성 진단이 포함된다. 이러한 AI 기반 다차원 선수 평가는 선수의 미래 가치를 예측하는 모델은 계약 · 트레이드 · 육성 전략의 근거를 제공하며, 감독의 전술 기여도를 수치화한 분석은 팀 성과와의 상관성을 입증하는 데 활용될 수 있으며 스포츠 산업의 새로운 표준을 사례와 함께 제시한다.

4장 '전술과 의사 결정의 과학화'는 감독의 경기 중 실시간 판단을 정량화하는 과정을 탐구한다. 선수 교체 타이밍, 작전 지시, 라인업 변동 등 복합적인 의사 결정이 팀 성과에 미치는 영향을 AI가 분석하고, 최적 대안을 제시하는 방식이 구체적 사례와 함께 제시된다. 이는 감독의 경험과 직관에 과학적 증거를 덧입히는 과정이며, 장기적으로는 전술 최적화 알고리즘 개발로 이어질 수 있다.

5장 '부상 예측과 시즌 전략의 AI 혁신'은 선수 부상 관리, 재활, 로드 매니지먼트에 AI가 수행하는 핵심 역할을 설명한다. 훈련 부하와 피로 누적을 실시간 관찰하여 부상 위험을 예측하는 시스템, 조기 경고와 맞춤형 재활 프로그램 등은 선수 생애 주기 관리에 필수적인 요소다. 특히, 웨어러블 센서와 컴퓨터 비전 기반 부상 예측 시스템의 프로 구단 적용 사례는 기술의 실효성과 현장 적합성을 입증한다.

6장 'AI 기반 스포츠 경기 결과 예측'은 스포츠 경기 예측 알고리즘의 원리와 산업 확장성을 다룬다. AI가 베팅 시장의 불확실성을 줄이는 동시에 예측 정확도를 높이는 과정, 그리고 이러한 기술이 방송 중계, 팬 참여형 콘텐츠, 구단 전략 수립 등으로 확장되는 흐름을 심층적으로 분석한다.

7장 '스포츠 비즈니스 수익 모델 혁신과 최적화'는 입장권 가변 가격 책정(Dynamic Pricing), 팬 구매 패턴 분석, 개인화 마케팅, 팬 운영 최적화 등 AI 기반 수익 극대화 전략을 설명한다. 유럽 주요 리그 사례를 통해 실시간 수요 예측에 기반한 스포츠 경기 관람권 가격 조정, 팬 참여형 예측 이벤트가 몰입도를 높이는 과정을 분석한다. 이러한 AI 기술의 적용은 단기 수익 증대뿐 아니라, 장기적으로는 스포츠팬 생태계와 산업 구조 전반을 근본적으로 재편하고 변화시키는 핵심 동력으로 작용한다.

8장 '데이터 분석이 바꾸는 팬 커뮤니케이션'은 위기 커뮤니케이션, 맞춤형 메시지, 공정성 인식 회복이라는 세 가지 축을 중심으로 AI 기반 팬 커뮤니케이션의 미래를 조망한다. 팬의 감정 상태를 실시간 분석해 메시지 톤을 조정하고, AI 아바타나 가상 팬 미팅을 활용해 신뢰를 재구축하는 방식을 소개한다.

9장 '스포츠 데이터 거버넌스와 공공 · 산업 협력'은 스포츠 데이터의 전략적 가치, 디지털 혁신에서의 공공기관 역할, 민간 데이터 기업과의 협력, 개인정보 보호와 데이터 표준화 등 거버넌스 차원의 쟁점을 종합적으로 논의한다. 공공성과 시장성을 동시에 확보하는 데이터 정책의 중요성을 강조한다.

10장 'AI와 스포츠 애널리틱스의 미래'에서는 기술적 진보, 제도적 기반, 인간 중심 설계를 핵심 키워드로 삼아, 지속 가능한 스포츠 AI 생태계의 청사진을 제시한다. 예측 기술의 사회적 수용, 제도적 뒷받침, 인간 직관과 경험과의 조화 가능성에 대한 심층적 고찰을 통해, 스포츠의 본질적 가치를 훼손하지 않으면서 기술과 공존하는 전략적 방향성을 제안한다.

이 책은 스포츠 연구자, 구단 및 리그 운영자, 산업 종사자, 정책 입안자, 그리고 스포츠를 사랑하는 모든 독자를 위한 필독서이자 실무 지침서가 되는 것을 목표로 한다. 오늘날 데이터 기반 의사 결정은 선택이 아니라 필수이며, 그 중요성은 기술 발전과 함께 기하급수적으로 증대되고 있다. 스포츠 현장에서의 성과는 이제 단순한 직관이나 경험만으로는 보장되지 않는다. AI 기술의 도입은 의사 결정 과정을 구조적으로 혁신하고, 불확실성 속에서도 최적의 대안을 모색할 수 있는 새로운 역량을 제공한다. 그러나 이 책은 기술을 무조건 수용하는 태도가 아닌, 그 적용 가능성과 한계, 그리고 제도적 · 윤리적 고려 사항을 균형 잡힌 시각에서 검토할 것을 권한다. 진정한 혁신은 기술의 전면적 도입이 아니라, 그 기술이 스포츠의 본질적 가치와 어떻게 조화를 이루느냐에 달려 있다.

스포츠는 단순한 경기 이상의 의미를 지닌다. 그것은 공동체를 연결하고, 세대를 이어주며, 인간의 한계를 시험하는 문화적 무대이자 사회적 자산이다. AI는 이 무대 위에서 심판이자 조력자이며, 때로는 새로운 규칙을 제시하는 설계자가 될 것이다. 이제 데이터는 단순한 숫자가 아니며, 그 자체가 스토리텔링이자 전략이며, 미래를 예측하고 설계하는 언어가 된다. 이 책이 제안하는 전략과 통찰은 단지 스포츠 산업의 일부 영역에 국한되지 않고, 교육, 미디어, 도시 개발, 팬덤 문화 등 스포츠가 파생시키는 광범위한 사회적 가치 창출에도 적용될 수 있다.

다가올 미래는 AI와 스포츠의 관계가 시험대에 오르는 시기가 될 것이다. 기술적 완성도와 제도적 기반이 서로 맞물려야 하며, 동시에 인간 중심의 설계 철학이 이를 지탱해야 한다. 이러한 균형이 무너지면 AI는 산업을 혁신하기보다 예측 불가능한 혼란을 초래할 수도 있다. 따라서 이 책은 독자들에게 단순한 독서 경험을 넘어, 실제 변화를 끌어내는 참여자가 될 것을 요청한다. 연구자는 더 정교한 분석과 새로운 질문을 던져야 하며, 구단과 리그 운영자는 AI를 조직 문화와 전략적 의사 결정에 통합해야 한다. 정책 입안자는 규제와 혁신 사이의 균형을 잡아야 하고, 팬들은 AI가 만들어 낼 새로운 스포츠 경험의 공동 설계자가 되어야 한다.

마지막으로 이 책의 집필과 출간을 가능하게 해 준 커뮤니케이션북스와 데이터 수집・분석 과정에서 헌신적인 협력을 제공한 연구자와 실무자들에게 깊은 감사를 전한다. 특히 스포츠 현장에서의 실험과 피드백을 통해 AI의 적용 가능성을 검증하고, 학문적 담론을 풍성하게 만들어 준 국내외 전문가들의 통찰은 이 책을 더욱 탄탄하게 만들었다. 《AI와 스포츠 애널리틱스》가 스포츠와 AI의 접점에서 새로운 학술 논의와 실천적 변화를 촉발하는 기점이 되기를 진심으로 바란다.

스포츠는 끊임없이 진화한다. 이제 스포츠의 미래는 단지 경기장에서만 결정되지 않는다. 데이터와 알고리즘은 전술의 설계도를 그리고, AI는 그 설계도를 끊임없이 다듬으며, 인간은 그 위에 자신의 의지와 열정을 덧입힌다. 기술은 속도를, 제도는 방향을, 인간은 의미를 부여한다. 스포츠는 여전히 사람의 심장 박동과 함성, 땀과 눈물로 완성된다. 그러나 그 무대 뒤편에서는 수십억 개의 데이터가 실시간으로 흐르고, 그 데이터는 미래의 승부와 팬 경험, 그리고 산업 구조를 다시 쓰고 있다. 《AI와 스포츠 애널리틱스》는 그 흐름을 해독하는 언어이자, 불확실성을 기회로 전환하는 나침반이다. 이 책에서 제시하는 통찰과 전략은 단순한 분석 기법을 넘어, 변화의 방향을 설계하고 그 속도와 깊이를 조율하는 힘이다.

앞으로의 스포츠는 여전히 예측 불가능한 순간과 감동을 품을 것이다. 그러나 그 무대 뒤편의 준비와 설계는 점점 더 정교해지고, AI와 스포츠 애널리틱스는 그 과정에서 새로운 가능성과 규칙, 그리고 무대를 열어갈 것이다. 이는 우연을 지우는 것이 아닌 우연이 더욱 빛나는 장면으로 완성되도록 돕는 길이다. 이 책을 통해 얻은 지식과 통찰이 단순한 이해에 머물지 않고, 경기장 안팎에서 변화를 설계하는 행동과 창조로 이어지길 바란다. 그리고 그 여정 속에서, 여러분의 선택과 시선이 스포츠의 다음 시대를 완성하는 한 조각이 되기를 바란다.

01
스포츠 애널리틱스 혁신 서막: 정의와 프레임

스포츠 애널리틱스는 단순한 기록 통계나 경기 결과 요약에 머무르지 않는다. 오늘날 데이터는 선수와 구단, 리그, 나아가 국가 단위 스포츠 생태계를 움직이는 전략 의사 결정의 핵심 엔진이다. 분석은 '무엇이 일어났는가'를 넘어 '왜 일어났는가'를 설명하고, '무엇이 일어날 것인가'를 예측하며, '지금 무엇을 바꿔야 하는가'를 제시한다. 현장의 직관은 여전히 중요하지만, 데이터와 알고리즘의 검증을 거쳐 더욱 정밀하고 재현 가능한 형태로 진화하고 있다.

스포츠 애널리틱스: 개념과 전략적 확장

스포츠 애널리틱스(Sports Analytics)는 스포츠 현장에서 생성되는 광범위한 정형 · 비정형 데이터를 과학적 방법론과 첨단 계산 기반 기법을 활용해 체계적으로 수집 · 정제 · 가공 · 분석 · 해석을 수행하고, 그 결과를 경기력 향상과 조직의 이익 극대화를 위한 전략적 의사 결정에 직결시키는 통합 관리 프로세스이자 운영 체계로 정의된다. 이는 단순히 데이터를 축적하거나 보관하는 활동이 아니라, 데이터 속에 숨어 있는 맥락적 의미를 식별하고 이를 구조화하여 스포츠 생태계 전반의 실행 단계에 깊숙이 스며들게 하는 과정이다(김필수 · 이상현, 2023a; 2023b; 2024). 데이터는 그 자체로 존재하는 것이 아니라, 스포츠 현장과 경영을 동시에 움직이는 실행 가능한 지식으로 변환될 때 비로소 가치를 발휘한다.

스포츠 애널리틱스는 경기장의 승률을 높이는 기술을 넘어, 스포츠 산업 전반을 관통하는 데이터 기반의 경영 언어로 기능한다. 예를 들어, 팀 전술의 설계와 운영, 선수 부상 예방과 회복 관리, 인적 자원의 공정한 가치 평가, 팬 경험의 정밀한 설계, 미디어 노출 전략, 구단 재무 계획과 마케팅 방안까지 그 범위가 확장된다. 특히 최근 연구들은 선수 가치 평가를 경기력 지표뿐 아니라 조직 매출 기여도까지 포함하여 분석하는 통합적 접근을 시도하고 있다(김필수 외, 2025a). 이와 같은 통합적 적용은 조직이 경기장 안팎에서의 모든 의사 결정을 하나의 전략적 틀 속에서 관리하게 하며, 이는 단기 성과와 더불어 장기적인 경쟁력 확보에도 직결된다.

분석의 범위는 두 개의 상보적 축으로 나뉜다. 첫째, 경기 데이터(On-field analytics)는 선수 개개인의 기술과 전술적 기여도, 경기 중 실시간 전술 변경, 체력과 컨디션의 모니터링 등 경기 수행과 직접 연결된 영역을 다룬다. 둘째, 경기 외적 데이터(Off-field analytics)는 팬의 행동 패턴, 경기 관람권 판매, 후원권 효과, 재무 전략 등 비즈니스 전반을 포괄한다. 이러한 이원 구조는 단순한 영역 구분이 아니라, 서로의 분석 결과를 보완하고 교차 검증하며, 하나의 일관된 전략 체계를 형성한다. 예컨대, 팬 데이터 분석 결과는 경기 운영과 선수 기용에 반영될 수 있고, 경기력 분석의 통찰은 스포츠 마케팅과 브랜드 전략에도 영향을 미친다.

스포츠 애널리틱스는 이처럼 경기장 안팎에서 발생하는 방대한 데이터를 정밀하게 해석하고, 이를 전략과 실행으로 전환하는 도구이자 언어다. 이러한 데이터 기반 접근은 구단의 지속 가능성과 재무적 안정성을 보장하며, 변화하는 시장 환경 속에서도 일관된 경쟁 우위를 제공한다. 하지만 그 전략적 가치가 아무리 높더라도, 스포츠의 의미와 매력은 여전히 현장에서 완성된다. 대중의 시선은 산업적 지표나 경영 전략보다 경기 그 자체에 머물며, 관중석을 가득 메운 함성, 극적인 역전승의 순간, 선수의 한순간 번뜩이는 플레이가 그 본질적 매력을 형성한다. 이러한 감각적 경험은 단순한 오락을 넘어 스포츠가 문화와 공동체를 연결하는 강력한 힘임을 일깨운다.

그러나 바로 그 이유로 인해 경기력 향상과 구단 경쟁력 확보를 위한 데이터 분석의 필요성은 더욱 절실해진다. 경기장의 한 장면, 한 번의 전략 변화, 한 명의 선수 기용이 시즌 전체의 흐름을 바꾸듯, 데이터 기반 분석은 미묘하지만, 결정적인 차이를 만들어 낸다. 통계와 알고리즘은 현장의 직관을 대체하는 것이 아니라, 그 직관을 검증하고 강화하는 도구로 작동한다. 이 장에서는 데이터가 현장의 판단을 어떻게 정밀하게 다듬고, 전략적 의사 결정의 질을 근본적으로 끌어올리는지를 심층적으로 탐구한다. 이는 단순한 기술 논의가 아니라 현대 스포츠의 생존과 도약을 가르는 핵심 조건에 관한 이야기다.

기록 중심 분석의 한계

전통적인 스포츠 분석은 주로 경기 종료 후의 기록 통계에 기반해 이루어졌다. 예를 들어 야구에서는 타율, 홈런 수, 출루율과 같은 단일 지표가, 농구에서는 경기당 평균 득점이나 리바운드 수가 선수의 실력을 평가하는 핵심 기준으로 활용되었다. 그러나 이러한 단편적 지표는 실제 경기 상황 속에서 선수의 전술적 기여, 팀 내 역할 수행, 경기 흐름에 미친 영향까지 포괄하지 못했다. 축구에서는 골과 어시스트 수가, 골프에서는 평균 타수가, 육상에서는 완주 기록이 거의 유일한 평가 기준이 되었고, 그 과정에서 선수의 움직임 패턴, 압박 상황에서의 심리 변화, 경기 맥락에 따른 전략 수행 능력은 분석 대상에서 배제되었다(Baumer & Zimbalist, 2014; Lewis, 2004).

이러한 한계는 데이터 자체의 성격에서 비롯되었다. 당시 수집되는 데이터는 대부분 정적(static) 형태였으며, 경기의 한순간을 고정된 숫자로만 나타냈다. 하지만 실제 스포츠는 경기 시간 전체에 걸쳐 수많은 변수가 상호작용하는 동적(dynamic) 시스템이다. 예를 들어, 한 선수가 전반전에는 적극적으로 공격 전개에 관여했지만, 후반전에는 체력 저하로 수비 가담에 치중했다면, 단순 평균 득점 수치만으로는 그의 경기 기여도를 올바르게 평가하기 어렵다. 더구나 심리적 요인, 부상 위험, 상대 팀의 전술 변화 등은 기존의 정적 통계에서는 포착할 수 없다는 점이 간과되었다(김필수 · 이상현, 2024; Alamar, 2013).

결국 이러한 분석 방식은 감독과 코치진이 경기 중 중요한 순간에 직관에 크게 의존하게 하는 경향성을 고착화하였다. 경험이 많은 지도자는 특정 상황에서 최적의 결정을 내릴 확률이 높았지만, 그 과정은 재현 가능성이 작고, 다른 경기나 다른 시즌에 그대로 적용하기 어려웠다. 데이터는 주로 경기 종료 후의 사후 해설이나 미디어 보도, 기록 보관을 위한 참고 자료로 쓰였으며, 전략적 의사 결정에 실질적으로 반영되는 경우는 드물었다. 이처럼 과거의 분석 체계는 경기력 향상이나 장기적인 팀 운영 전략 수립에는 한계를 보였으며, 특히 프로스포츠의 상업화와 국제 경쟁 심화 속에서 이러한 한계는 점점 더 뚜렷하게 드러났다(Morgulev et al., 2018).

실시간 의사 결정과 고도화된 분석 필요성

스포츠 데이터 분석의 기원은 19세기 중반 미국 야구에서 등장한 박스스코어(Box score)로 거슬러 올라간다. 박스스코어는 득점, 안타, 에러 등 경기의 주요 기록을 간단히 표로 정리해 한눈에 확인할 수 있도록 한 초기 통계 도구였다. 당시로서는 경기 내용을 요약하고 팬과 언론이 빠르게 이해할 수 있도록 돕는 혁신적인 시도였다. 구단과 감독을 비롯한 코치진 역시 박스스코어를 활용해 선수별 성과를 비교하거나 기본적인 전략 수정을 시도했다.

그러나 현대 스포츠의 요구 수준에서 보면 박스스코어는 지나치게 제한적이었다. 단순한 기록 집계는 경기 맥락, 전술 변화, 개별 선수의 심리적 · 신체적 상태를 반영하지 못했다(김필수 외, 2025b). 예컨대 야구에서 한 타자가 3안타를 기록했더라도 그 안타가 경기의 승패에 미친 영향은 전혀 다를 수 있다. 농구에서 한 선수가 두 자릿수 득점을 올렸더라도, 그것이 경기의 승부처에서 나왔는지, 이미 승패가 기운 상황에서 나온 것인지에 따라 전략적 의미는 달라진다. 하지만 과거의 분석 체계는 이러한 맥락 정보를 담아내지 못했으며, '왜 그런 결과가 나왔는가'에 관한 질문과 '다음에 무엇을 바꿀 수 있는가'에 대한 근거를 제공하지 못했다(Alamar, 2013).

특히, 실시간 분석 기술이 부재하던 시절, 경기 중 전략 조정은 거의 전적으로 감독의 경험과 직관에 의존했다. 지관은 때로 탁월한 결과를 낳았지만, 일관성과 재현성이 떨어졌고, 체계적인 팀 운영으로 이어지기 어려웠다. 이는 선수 기용, 교체 타이밍, 포메이션 전환과 같은 고위험 · 고 영향 의사 결정에서 심각한 불확실성을 초래했다. 스포츠의 상업적 가치가 커지고 팬들의 기대치가 높아지면서, 즉각적이고 정밀한 데이터 기반 의사결정의 필요성이 급격히 대두되었다. 이는 단순한 경기 분석을 넘어, 경기 도중 발생하는 수많은 변수를 실시간으로 포착 · 분석해 즉각적으로 전략에 반영할 수 있는 새로운 패러다임의 출발점이었다.

기술 진화가 만든 전환점

스포츠 데이터 분석의 역사는 단순한 기록 축적에서 출발했지만, 기술 발전의 물결 속에서 전례 없는 도약을 거듭해 왔다. 19세기 후반 박스스코어(Box score)가 처음 등장했을 당시, 데이터는 경기 후 결과를 요약하고 팬과 언론의 이해를 돕는 수단에 불과했다. 그러나 20세기 후반, 컴퓨터 기술이 스포츠 현장에 본격적으로 도입되면서 통계 처리 속도와 정밀도가 비약적으로 향상되었고, 경기력과 관련된 비교 · 평가가 정교해졌다. 이어 21세기 초, 인공지능(AI)과 머신러닝(Machine Learning)의 등장으로 분석의 범위와 깊이는 한층 넓어지고 깊어졌다.

이 기술적 도약은 분석 패러다임 자체를 근본적으로 전환했다. 과거의 분석이 '무엇이 일어났는가'를 설명하는 서술적 분석(Descriptive analytics)에 머물렀다면, 이제는 '왜 일어났는가'를 규명하는 진단적 분석(Diagnostic analytics), '앞으로 무엇이 일어날 것인가'를 예측하는 예측 분석(Predictive analytics), 그리고 '무엇을 해야 하는가'를 제시하는 처방 분석(Prescriptive analytics)으로 이어지는 연속체가 형성되었다. 그 결과, 데이터 분석은 경기 후 보고서 작성의 범위를 넘어, 경기 중 전술 조정, 선수 영입 · 계약 협상, 부상 예방 · 회복 관리, 팬 경험 설계, 구단의 재무와 경영 전략까지 포괄하는 통합 의사결정 체계로 확장되었다.

기술 진화의 실제 효과는 구체적 사례에서 뚜렷이 드러난다. 예를 들어, 특정 선수가 경기 중 평소보다 움직임 반경이 줄어드는 미세한 패턴을 실시간으로 감지해 부상 위험을 사전에 경고하거나, 상대 팀이 특정 전술을 반복하는 징후를 포착해 즉각적인 대응 전략을 제시할 수 있다. 이러한 수준의 대응 속도와 정확성은 과거에는 상상조차 어려웠다. 결과적으로, 스포츠 애널리틱스는 단순한 '기록의 축적 도구'에서 '경쟁 우위 창출의 핵심 무기'로 탈바꿈했다.

이제 스포츠에서 데이터 분석은 선택이 아닌 필수가 되었으며, 그 활용 범위는 계속 확장되고 있다. 이제 남은 과제는 기술의 정밀함과 현장 실행력 사이의 틈새를 좁히는 일이다. 현대 스포츠의 승패를 가르는 것은 데이터를 많이 보유하는 것이 아니라, 그 데이터를 어떻게 전략으로 변환하고, 그 전략을 어떻게 현장에서 구현하느냐에 달려 있다.

AI 도입과 분석 패러다임 전환

이러한 변곡점을 거친 후, 스포츠 산업은 단순한 데이터 집계와 통계를 넘어 예측과 처방을 할 수 있는 지능형 분석 체계로 전환되었다. 경쟁 심화와 팬들의 기대치 상승 속에서, 구단 경영진과 코치진은 실시간 피드백, 정밀 전략 수립, 경기력 극대화를 지원할 수 있는 차세대 도구의 필요성을 절실히 인식했다. 이 시점에서 AI는 보조적 수단이 아닌, 구단 운영과 경기 전략의 핵심축으로 자리 잡았다.

AI는 이제 단순히 데이터를 수집 · 정리하는 단계를 넘어, 방대한 데이터를 실시간으로 처리하고, 경기 상황의 변화에 즉각 반응하며, 미래의 경기 양상을 높은 정확도로 예측한다(Alamar, 2013; Morgulev et al., 2018). 특히 머신러닝(Machine Learning)과 딥러닝(Deep Learning) 기법은 방대한 경기 기록, 선수의 생체신호, 상대 전술 패턴 등 복잡한 변수를 통합적으로 학습해, 스포츠 경기 결과를 선제적으로 예측하기도 하고 스포츠 산업 전반의 의사결정을 과학적으로 지원한다(Kim & Lee, 2025).

머신러닝은 변수 간 패턴과 상관관계를 학습하는 데 강점을 가지며, 딥러닝은 비선형 구조와 시퀀스 데이터를 정밀하게 처리해 전에는 포착하기 어려웠던 세부 통찰을 제공한다. 예컨대 농구에서는 슛 궤적과 각도, 야구에서는 타구 회전수와 발사각, 축구에서는 공간 점유 패턴과 압박 타이밍을 분석하여 경기력 향상뿐 아니라 부상 예방, 팬 경험 개인화, 구단 재무 · 마케팅 전략까지 지원한다(김필수 · 이상현, 2024; Rein & Memmert, 2016).

결국, AI 기반 스포츠 애널리틱스의 본질은 데이터를 '정보'로, 정보를 '전략'으로, 전략을 '성과'로 전환하는 전 과정을 속도와 정확성 모두에서 가속하는 데 있다. 이는 단순한 기술적 업그레이드가 아니라, 스포츠 산업의 운영 철학과 경쟁 구조를 근본적으로 재편하는 패러다임의 전환이다. 미래의 승부는 데이터와 기술을 누가 더 많이 보유하느냐가 아니라, 그 데이터를 어떻게 해석하고 실행 가능한 전략으로 전환하느냐에 의해 결정될 것이다.

데이터 기반 전략과 미래 가치

AI 기반 분석은 단순히 승리 확률을 높이는 도구를 넘어, 스포츠 조직이 장기적인 경쟁력을 확보하고 새로운 비즈니스 가치를 창출하는 핵심 기반으로 자리 잡고 있다. 선수 가치 평가 측면에서 AI는 경기 중 순간 의사 결정, 체력 소모 패턴, 상대 팀 대응력 등 다양한 변수를 통합적으로 분석하여 정밀한 평가를 가능하게 한다. 이는 단순한 현재 성적 산출을 넘어, 부상 가능성, 시즌 내 기량 변동, 상대 팀과의 상호작용까지 종합적으로 고려한 미래 가치 평가의 영역으로 진화하고 있다(김필수 · 이상현, 2024; 2025).

이러한 분석 능력은 경기 외적 영역에서도 빛을 발한다. 팬 데이터 분석을 통해 개인화된 콘텐츠를 제공하고, 관람 패턴 · 소비 데이터를 기반으로 티켓 판매 전략, 굿즈 개발, 디지털 콘텐츠 제작 등 수익 모델을 최적화할 수 있다. 이는 구단의 지속 가능한 수익 창출과 팬 충성도 강화를 동시에 달성하게 하며(김필수 외, 2025c), 글로벌 스포츠 시장에서 경쟁 우위를 확보하는 핵심 자산이 된다.

더 나아가, AI 분석은 구단 차원을 넘어 국가 및 지역의 스포츠 정책 결정에도 활용된다. 예를 들어, 지역별 스포츠 참여율 변화, 건강 증진 효과, 경제 파급 효과를 정량적으로 측정해 정책의 객관성과 타당성을 높인다. 이는 스포츠 산업이 사회적 가치와 경제적 가치를 동시에 창출하는 구조를 강화한다.

종합적으로 볼 때, 스포츠 애널리틱스는 데이터 기반으로 경기력과 조직 운영을 혁신하는 데 초점을 맞춘 통합적 전략이다. 전통적 통계 분석에서 출발했으나 AI의 도입으로 실시간성, 예측성, 정밀성을 모두 확보하며, 경기 전략, 선수 관리, 팬 경험, 산업 경쟁력 전반을 혁신하고 있다. 이러한 흐름 속에서 스포츠는 단순한 경기의 승패를 넘어, 과학 · 기술 · 산업 · 사회 전반의 혁신 주체로 자리매김하게 되었다.

참고문헌

김필수·이상현(2023a). “머신러닝을 활용한 한국프로농구 정규리그 최종 순위 예측: 스포츠 애널리틱스 관점”. 《한국체육측정평가학회지》, 25(2), 103~115쪽.

김필수·이상현(2023b). “AI 머신러닝 알고리즘을 적용한 한국여자프로골프(KLPGA) 선수의 상위 10위 이내 진입 여부 예측: 스포츠 애널리틱스 관점”. 《한국스포츠산업경영학회지》, 28(4), 51~66쪽.

김필수·이상현(2024). “국내 스포츠 애널리틱스 연구의 현재와 미래: 경기데이터 활용 분석에 대한 체계적 문헌 검토”. 《한국스포츠산업경영학회지》, 29(1), 63~81쪽.

김필수·이상현(2025). “스포츠 애널리틱스와 인공지능에 관한 체계적

문헌 검토: 기술에 따른 연구 변화와 과제". 《융합과학연구》, 1(1), 15~30쪽.
김필수 외(2025a). "스포츠 조직 경영 효율성 제고를 위한 선수 가치 평가 연구". 《한국스포츠산업경영학회지》, 30(1), 1~43쪽.
김필수 외(2025b). "한국프로농구 경기 결과 예측을 위한 인공지능 모델 개발 및 효용성검증: 자원기반이론 및 직무 요구-자원 이론의 통합적 적용". 《한국체육학회지》, 64(3), 421~440쪽.
김필수 외(2025c). "한국프로야구 경기결과 예측을 위한 머신러닝 성능 비교와 스포츠 팬 몰입(fan engagement) 함의에 관한 탐색적 연구". 《한국체육학회지》, 64(2), 205~222쪽.
이상현·김필수(2023). "비윤리적 사건에 대응하는 프로스포츠팀의 전략: 사안의 속성에 따른 커뮤니케이션 패턴". 《체육과학연구》, 34(1), 131~143쪽.
Alamar, B.(2013). *Sports analytics: A guide for coaches, managers, and other decision makers.* Columbia University Press.
Baumer, B. & Zimbalist, A.(2014). *The sabermetric revolution: Assessing the growth of analytics in baseball.* University of Pennsylvania Press.
Kim, P. S. & Lee, S. H.(2025). How to assess leader capabilities: Applying AI algorithms to evaluate NBA head coaches. *Journal of Sports Analytics, 11*, e2150218251357538.
Lewis, M.(2004). *Moneyball: The art of winning an unfair game.* W. W. Norton & Company.
Morgulev, E. et al.(2018). Sports analytics and the big-data era. *International Journal of Data Science and Analytics, 5*(4), pp.213~222.
Rein, R. & Memmert, D.(2016). Big data and tactical analysis in elite soccer: Future challenges and opportunities for sports science. *SpringerPlus, 5*, 1410.

02
세이버메트릭스와 AI

AI와 세이버메트릭스의 결합은 스포츠 데이터 분석 지평을 확장하며, 선수 평가와 전략 수립에 전례 없는 통찰을 제공한다. 세이버메트릭스가 '선수의 실제 기여도'를 계량적으로 드러내는 데 성공했다면, AI는 기여도를 실시간 해석하고 미래까지 예측하는 도구로 발전시켰다. 이제 분석의 초점은 과거 성적을 설명하는 것을 넘어, 경기 도중 변화하는 수많은 변수에 신속히 대응하고 선수와 구단의 미래 가치를 정밀하게 평가하는 능력으로 이동하고 있다. 이는 스포츠 산업이 직면한 불확실성과 경쟁의 압력을 극복하는 핵심 열쇠다.

노래하는 AI 보컬?

세이버메트릭스의, 데이터 혁명의 출발점

세이버메트릭스(Sabermetrics)는 1970년대 빌 제임스(Bill James)의 문제의식에서 출발했다. 그는 당시 야구계가 전통적으로 사용하던 타율, 방어율, 홈런 수와 같은 단순 지표가 직관적으로는 익숙하지만, 선수의 실제 기여도를 드러내기에는 턱없이 부족하다고 비판했다. 예를 들어, 타율이 높더라도 결정적인 순간에 성과를 내지 못하는 선수는 팀 승리에 크게 이바지했다고 보기 어렵다. 반대로 타율은 낮아도 득점권 상황에서 강한 면모를 보이는 선수는 단순한 숫자 이상의 가치를 지니게 된다. 제임스는 바로 이 지점을 문제 삼으며, "기록의 표면이 아니라 경기의 맥락을 읽어야 한다"는 새로운 철학을 제시하였다(Baumer & Zimbalist, 2014; Lewis, 2004).

이 철학을 토대로 등장한 지표들은 선수 평가의 패러다임을 근본적으로 뒤흔들었다. 대표적으로 대체 선수 대비 승리 기여도(WAR: Wins Above Replacement), OPS+, xFIP 등은 단순히 성적을 나열하는 것이 아니라, 한 선수가 팀 승리에 얼마나 추가적인 가치를 창출했는지를 수치화하였다. 특히 WAR 지표는 평균적 대체 선수와 비교하여 특정 선수가 가져오는 승리의 수를 계량화하며 구단의 영입, 연봉 책정, 로스터 구성에서 과학적 근거로 작동했다. 이는 데이터 기반 의사 결정이 처음으로 스포츠 산업의 전면에 등장한 사건이었으며, 선수와 구단 모두 직관과 감각 대신 수치와 증거에 기댄 합리적 판단을 수행할 수 있는 기초가 마련된 순간이었다(김필수 · 이상현, 2022; 김필수 외, 2023).

더 나아가 세이버메트릭스는 야구에만 국한되지 않았다. 농구에서는 PER(Player Efficiency Rating), BPM(Box Plus-Minus), RPM(Real Plus-Minus)과 같은 지표가 등장해 선수의 공격과 수비 기여도를 다차원적으로 분석했다(김필수 외, 2015; 김필수 · 이상현, 2023a). 축구에서는 Expected Goals(xG), Expected Assists(xA) 등이 경기 맥락 속에서 전술적 효과를 평가하는 기준으로 자리 잡았다. 골프에서는 샷 안정성, 퍼팅 성공률, 라운드별 변동성을 계량화해 훈련 효율성과 경기 전략을 정밀화하는 데 활용되고 있다(김필수 외, 2024b; 최준규 외, 2024; Kim & Lee, 2025). 심지어 e스포츠나 프로골프에서도 세이버메트릭스적 발상이 확산하였으며, 이는 성과 결정 요인으로서 데이터 기반 사고가 스포츠 전반을 가로지르는 보편적 언어로 자리 잡았음을 보여 준다(김필수 · 김대권, 2014; 2015).

정적 통계를 넘어: AI의 등장

그러나 초기 세이버메트릭스는 정적 데이터 의존성이라는 뚜렷한 한계를 지니고 있었다. 과거 데이터를 기반으로 높은 통계적 타당성을 확보했음에도 불구하고, 경기 도중 발생하는 실시간 변수와 전술적 맥락을 즉각적으로 반영하기에는 역부족이었다. 선수의 컨디션, 순간적인 움직임, 상대 팀의 돌발 전술, 심리적 요인과 같은 비정형 데이터는 기존의 틀 안에서는 포착하기 어려웠다.

실제로 감독이 경기 중 교체를 단행해야 하는 순간, 필요한 것은 단순히 과거 기록이 아니라 현재 경기의 흐름, 선수의 체력, 상대 전술의 변화에 대한 즉각적 분석이다. 그러나 세이버메트릭스는 그러한 순간적 의사 결정을 지원하기에는 한계가 분명했다. 이 공백을 메운 것이 바로 인공지능이다(김필수 · 이상현, 2024; Morgulev et al., 2018).

AI는 과거 기록과 현재 데이터를 결합하여 패턴을 학습하고, 미래 상황을 예측할 수 있는 능력을 제공한다. 이는 단순히 세이버메트릭스를 보완하는 수준을 넘어, 새로운 분석 지평을 열어 주었다. 예를 들어, 특정 투수가 피로 누적 상황에서 어떤 구종을 선택할 가능성이 큰지, 특정 선수가 압박 상황에서 어떤 움직임을 보이는지를 실시간으로 예측할 수 있게 된 것이다.

AI가 바꾼 데이터 분석의 규칙

AI가 세이버메트릭스와 결합하면서 스포츠 데이터 분석은 설명 중심에서 예측 중심, 그리고 실시간 대응 중심으로 전환되었다. 머신러닝은 대규모 데이터를 학습하며 패턴을 도출하고, 딥러닝은 복잡한 비선형 관계를 정밀하게 포착하며, 강화 학습은 경기 중 전략적 선택을 최적화하는 수준까지 진화했다(Alamar, 2013; Kim & Lee, 2025).

야구에서는 투수의 구종 변화를 실시간으로 예측하고, 타자의 스윙 메커니즘과 컨디션 변화를 종합적으로 분석하여 타석별 전략을 설계할 수 있게 되었다. 농구에서는 상대 팀의 수비 전술 변화를 실시간으로 탐지하고, 이에 따라 슛 선택이나 패스 경로를 AI가 제안할 수 있다. 축구에서는 선수의 움직임과 패스 경로를 통합 분석하여 공간 점유율과 압박 강도를 예측하고, 경기 도중 전술적 대응을 신속히 지원한다.

이러한 변화는 단순히 경기력이나 성과를 강화하는 수준을 넘어, 맞춤형 예측 지표의 창출로 이어졌다. 축구의 xG는 선수 위치, 상대 수비 배치, 슈팅 각도 등 다양한 요소를 포함해 더욱 정밀화되었고, 농구의 RPM은 선수 교체 효과와 전술 유연성까지 반영하며 발전했다. 골프에서는 기상 조건, 코스 상태, 심리적 요인을 통합한 예측 모델이 개발되어 경기력 유지와 부상 예방, 정신력 관리까지 가능하게 되었다(김필수 · 이상현, 2024; Rein & Memmert, 2016).

이러한 기술 발전은 선수 개인의 장기 성장과 팀 전체의 전략적 자산 관리에 중요한 변화를 가져왔다. 구단은 AI 분석을 통해 선수 가치의 미래 예측, 스카우팅 전략, 신체적 한계에 대한 사전 대응을 마련할 수 있다. 또한 AI는 경기 시뮬레이션과 다양한 시나리오 기반 전략 설계에서 핵심 도구로 활용되며, 구단의 투자 효율성을 극대화한다.

현장에서 살아 움직이는 AI 기반 지표들

오늘날 AI 기반 지표는 이론적 가능성에 머무르지 않는다. 이미 세계 곳곳의 스포츠 현장에서 선수 평가, 경기 전략, 구단 운영, 그리고 팬 경험 혁신 등 여러 방면에서 실질적으로 적용되고 있으며, 그 영향력은 해마다 커지고 있다. 이 기술은 단순히 데이터 분석의 정밀도를 높이는 데 그치지 않고, 스포츠 산업 전반을 새로운 패러다임으로 이끄는 촉매로 기능하고 있다.

우선 선수 평가와 경기 결과 예측 분야에서 AI의 진가는 뚜렷하게 드러난다. 대만 프로야구(CPBL)의 사례가 대표적이다. 이곳에서는 세이버메트릭스 지표(wRC+, PLOB% 등)에 머신러닝 알고리즘을 접목하여 경기 결과와 선수 기용 전략을 예측하는 실험이 이루어졌다. 그 결과, 전통적인 통계 분석보다 10~15% 높은 예측 정확도를 달성했다는 보고가 있다. 이는 단순한 승률 예측을 넘어, 선수의 스윙 궤적, 투구 속도, 경기 중 피로 누적 패턴 등 이전에는 간과되던 미세한 데이터를 모델에 반영한 덕분이었다. 이처럼 AI는 감독에게 경기 중 즉각적인 의사 결정의 근거를 제공하며, 승부의 흐름을 바꾸는 결정적 순간에 과학적 신뢰성을 부여한다.

축구에서는 PlayeRank 모델이 주목할 만하다. 이 모델은 패스, 태클, 슛 등 선수의 모든 경기 이벤트를 종합적으로 분석해 포지션별 성과와 다재다능성을 평가한다(Pappalardo et al., 2018). 단순히 득점이나 어시스트 수치만으로 선수를 평가하는 것이 아니라, 팀 전술 내에서 해당 선수가 어떤 가치를 창출하는지 입체적으로 드러내는 것이다. 유럽의 주요 구단들은 이미 선수들의 GPS 데이터를 활용해 순간 가속도, 평균 이동 거리, 충돌 빈도 등 세부 지표를 추적하고 있으며, 이를 바탕으로 체력 관리와 부상 예방을 과학적으로 최적화한다. 과거에는 "감독의 눈"에 의존하던 부분이 이제는 실시간으로 시각화된 데이터와 예측 모델을 통해 객관화되고 있는 셈이다.

농구에서는 SportVU 시스템이 대표적이다. 이 시스템은 선수와 공의 움직임을 초당 25회 이상 기록하며, 방대한 데이터를 AI가 분석해 최적의 슛 선택, 스크린 활용, 수비 전환 타이밍을 제시한다. 예컨대, NBA 일부 구단은 경기 중 AI가 추천하는 교체 시점을 적극적으로 반영한다. 이는 선수의 체력 분배와 파울 관리 전략을 세밀하게 조정하여 시즌 후반부에도 일정한 경기력을 유지할 수 있게 해 준다(Cervone et al., 2016). 전에는 경험 많은 코치의 직감이 좌우하던 교체 타이밍이, 이제는 데이터의 증거를 통해 뒷받침되고 있다는 점에서 중요한 의미를 지닌다.

골프와 테니스 역시 AI 기술적 진보를 이루고 있다. 골프에서는 AI 기반 스윙 분석과 샷 예측 기술이 보편화되며, 선수들은 자신의 자세, 클럽 헤드 속도, 임팩트 각도를 실시간으로 점검할 수 있다. 이 과정에서 AI는 단순한 기술적 피드백을 넘어 선수 개인의 심리적 · 체력적 상태까지 반영하여, 클럽 선택과 경기 운영 전략을 정밀하게 조언한다. 테니스에서는 상대 선수의 서브 패턴과 스트로크 선택 경향을 AI가 실시간으로 분석해, 경기 중 즉각적으로 공략 전략을 제시한다. 예를 들어, 상대의 백핸드 약점을 실시간으로 탐지하고 특정 지점 공격 빈도를 높이라는 제안은, 단순한 분석을 넘어선 고차원적 전략 설계의 산물이다. 이러한 도구들은 선수의 경기 집중력을 높이고, 변화무쌍한 경기 흐름 속에서도 빠른 적응을 가능케 한다.

이와 더불어 AI는 경기장 밖, 곧 구단 운영과 팬 경험에서도 지대한 역할을 한다. 팬 데이터를 분석하여 맞춤형 콘텐츠를 제공하는 것은 물론, 경기 관람권 가격과 판매 시기를 정밀하게 설계하고, 굿즈 개발이나 디지털 콘텐츠 제작 전략을 최적화하는 데 활용될 수 있다. 이러한 지표와 도구는 단순히 기술적 성과에 머무르지 않는다. 팬 경험의 차원에서도 AI는 중요한 역할을 하고 있다. 글로벌 스타트업들은 AI를 웨어러블, GPS, AR · VR 기술과 결합해 팬이 경기를 단순히 관람하는 수준을 넘어 데이터와 상호작용하는 참여자로 경험하도록 만든다. 이는 구단의 수익 모델을 다변화시키고, 팬 충성도를 구조적으로 강화하는 데 결정적인 역할을 하고 있다.

스포츠 산업, AI와 함께 다시 쓰는 미래

이러한 사례들이 축적되면서, AI와 세이버메트릭스의 융합은 단순히 경기력을 높이는 차원을 넘어 스포츠 산업의 운영 철학 자체를 바꾸어 가고 있다. 이제 데이터와 알고리즘은 부가적 도구가 아니라, 경기와 산업의 규칙 자체를 새롭게 작성하는 주체로 부상하고 있다. AI는 선수와 감독의 장기적 가치 예측, 구단의 전략적 자산 관리, 나아가 국가 단위의 스포츠 정책 수립에까지 활용된다.

예컨대, 특정 지역의 스포츠 참여율, 청소년 건강 증진 효과, 스포츠 인프라의 경제적 파급 효과 등을 정량화함으로써 정책 입안자는 더 객관적이고 타당한 결정을 내릴 수 있게 된다. 궁극적으로 AI는 경기력 향상을 넘어, 팬-구단-지역 사회-국가 정책이라는 다층적 구조 속에서 과학적 근거를 제공한다. 이는 스포츠가 사회적 가치 실현과 경제적 지속 가능성을 동시에 달성하는 데 이바지하며, 스포츠의 의미를 국가적 · 문화적 자산으로 격상시킨다.

오늘날 스포츠는 더는 경기장 안의 승부에만 국한되지 않는다. 스포츠는 문화적 상징이자 산업적 성장 동력이며, 국가적 브랜드 자산이다. AI와 데이터 기반 접근법은 스포츠를 과거의 기록 산업에서 미래의 혁신 산업으로 변모시키고 있다. 이러한 변화는 글로벌 스포츠 시장에서 지속 가능한 경쟁 우위를 확보하는 핵심 전략으로 자리 잡으며, 스포츠를 21세기의 진정한 혁신 플랫폼으로 끌어올리고 있다.

참고문헌

김필수·김대권(2014). "Understanding the performance determinants of professional golfers: Evidences from the KLPGA rour 2009-2013". 《한국스포츠산업경영학회지》, 19(5), 31~47쪽.

김필수·김대권(2015). "한국프로축구팀의 감독교체가 팀 경기성과에 미치는 영향". 《한국체육학회지》, 54(4), 329~345쪽.

김필수·이상현(2022). "자원기반관점의 한국프로야구팀 정규리그 승률 결정요인에 관한 연구". 《한국스포츠산업경영학회지》, 27(5), 16~37쪽.

김필수·이상현(2023a). "로지스틱 회귀모형을 이용한 한국프로농구팀의 승패 결정요인 분석 자원기반관점과 상황이론". 《한국스포츠산업경영학회지》, 28(1), 44~59쪽.

김필수·이상현(2023b). "AI 머신러닝 알고리즘을 적용한 한국여자프로골프(KLPGA) 선수의 상위 10위 이내 진입 여부 예측: 스포츠 애널리틱스 관점". 《한국스포츠산업경영학회지》, 28(4), 51~66쪽.

김필수·이상현(2024). "국내 스포츠 애널리틱스 연구의 현재와 미래: 경기데이터 활용 분석에 대한 체계적 문헌 검토". 《한국스포츠산업경영학회지》, 29(1), 63~81쪽.

김필수 외(2015). "남자 프로배구 감독의 역량, 구단의 인적자원관리 및 선수들의 팀 역량이 경기성과에 미치는 영향". 《한국체육과학회지》, 24(2), 703~730쪽.

김필수 외(2023). "영국 프리미어리그 경기데이터 기반 머신러닝을 활용한 경기결과 예측 및 분류모형의 예측 성능 비교". 《한국체육학회지》, 62(4), 337~353쪽.

김필수 외(2024a). "머신러닝 알고리즘을 활용한 한국프로축구 경기결과 예측: 2020~ 2023 시즌 K 리그 경기데이터 활용". 《디지털콘텐츠학회논문지》, 25(4), 1027~1037쪽.

김필수 외(2024b). "밤 앤 가우지 전략 효과 검증: KLPGA 투어 코스 길이 변화를 중심으로". 《한국융합과학회지》, 13(6), 113~135쪽.

최준규 외(2024). "한국여자프로골프투어에서 밤 앤 가우지(Bomb & Gouge) 전략의 효과성". 《한국스포츠산업경영학회지》, 18(2), 209~225쪽.

Alamar, B.(2013). *Sports analytics: A guide for coaches, managers, and other decision makers.* Columbia University Press.

Baumer, B. & Zimbalist, A.(2014). *The sabermetric revolution: Assessing the growth of analytics in baseball.* University of Pennsylvania Press.

Cervone, D. et al.(2016). A multiresolution stochastic process model for predicting basketball possession outcomes. *Journal of the American Statistical Association, 111*(514), pp.585~599.

Kim, P. S. & Lee, S. H.(2025). How to assess leader capabilities: Applying AI algorithms to evaluate NBA head coaches. *Journal of Sports Analytics, 11*, e2150218251357538.

Lewis, M.(2004). *Moneyball: The art of winning an unfair game.* W. W. Norton & Company.

Morgulev, E. et al.(2018). Sports analytics and the big-data era. *International Journal of Data Science and Analytics, 5*(4), pp.213~222.

Pappalardo, L. et al.(2018). PlayeRank: Data-driven performance evaluation and player ranking in soccer via a machine learning approach. *ACM Transactions on Intelligent Systems and Technology, 10*(5), 59, pp.1~27.

Rein, R. & Memmert, D.(2016). Big data and tactical analysis in elite soccer: future challenges and opportunities for sports science. *SpringerPlus, 5*(1), 1410.

03
AI·데이터 기반 선수 가치 평가

스포츠 구단 운영에서 선수 평가는 단순한 관리 업무가 아니라, 조직의 장기적 성패를 좌우하는 전략적 의사 결정의 핵심이다. 선수를 어떻게 평가하고 어떤 조건으로 계약하느냐에 따라 팀의 성적, 재무 건전성, 팬들의 기대치가 동시에 달라진다. 최근 인공지능의 도입은 이러한 한계를 근본적으로 보완하며, 선수 평가를 더 정교하고 체계적인 의사 결정 과정으로 전환하고 있다.

인공지능과 편향?

선수 평가는 왜 중요한가: 전략과 미래를 좌우하는 출발점

스포츠 구단 운영에서 선수 평가는 단순한 관리 업무가 아니라, 조직의 성패를 좌우하는 전략적 의사 결정의 핵심이다. 한 명의 선수를 어떤 조건으로 계약할 것인가, 혹은 어떤 시점에 트레이드할 것인가는 단순한 전력 보강 문제가 아니다. 이는 구단의 재무 건전성, 팀 내 케미스트리, 팬들의 기대감, 더 나아가 리그 전체의 경쟁 구도까지 흔드는 요인이 된다.

선수 평가는 단순한 행정 절차가 아니다. 그것은 구단의 미래를 좌우하는 출발점이다. 어떤 선수를 영입할지, 어떤 시점에 트레이드할지, 얼마의 연봉을 지급할지는 단순히 '전력 보강'의 문제가 아니다. 그것은 구단 재무 건전성, 팀 내 화합, 팬들의 기대감, 리그 전체의 경쟁 구도까지 흔드는 거대한 파급력을 지닌다.

예를 들어 2017년 네이마르의 파리 생제르맹 이적은 단순히 이적료 기록을 경신한 사건이 아니었다. 그것은 "한 명의 선수가 구단의 가치 체계를 어떻게 흔드는가"를 전 세계에 보여 준 상징적 사건이었다. 이적 이후 구단의 상업적 가치, 경기력, 팬덤 규모는 단기간에 폭발적으로 확대되었다. 이는 선수 평가가 단순히 통계적 산출물이 아니라, 산업 전반을 뒤흔드는 전략적 지렛대임을 보여 준다.

그러나 과거의 평가 시스템은 주로 감독과 코치의 경험, 언론의 논평, 프런트가 제시하는 제한적인 선수의 통계 기록에 의해 좌우되었다. 그러나 이러한 방식은 선수의 맥락적 기여도, 부상 위험, 심리적 요인, 그리고 성장 가능성과 같은 요인을 충분히 반영하지 못했다. 이 때문에 특정 선수는 실제 경기에서의 효율적 기여에도 불구하고 낮은 평가를 받기도 했으며, 반대로 화려한 성적이나 명성만으로 과대평가되는 경우도 빈번했다.

현대 스포츠 산업이 직면한 불확실성과 경쟁의 압박은 이러한 주관적 평가 체계의 한계를 더욱 적나라하게 드러냈다. 팬들의 기대치는 SNS와 디지털 미디어를 통해 실시간으로 표출되고, 구단은 더는 단기 성적에만 매달릴 수 없다. 장기적 경쟁력을 유지하려면 선수의 잠재적 성장 궤적과 위기 관리 능력까지 통합적으로 고려하는 정교한 평가 체계가 요구된다. 이 지점에서 인공지능(AI)은 단순한 보조 도구가 아니라, 구단의 전략적 두뇌로 기능하기 시작했다.

특히, 글로벌 스포츠 시장에서 선수 평가는 단순히 팀 내부의 문제를 넘어 리그 전체의 브랜드 가치와 흥행 지속성과 직결된다. 특정 스타 선수의 가치는 리그 중계권 판매, 스폰서십 계약, 팬덤 유지에까지 영향을 미치며, 이는 곧 국가 단위 스포츠 정책에도 파급된다. 따라서 선수 평가는 단일 선수의 기량 평가가 아니라, 스포츠 생태계 전체의 지속 가능성을 담보하는 핵심 과정으로 확장된다.

직관에서 알고리즘으로: 평가 패러다임의 대전환

선수 평가는 단순한 경기 기록의 요약이 아니라, 팀의 현재와 미래를 설계하는 핵심적 절차다. 과거에는 코치진의 직관과 제한적 기록 통계에 크게 의존했으나, 이는 재현성이 낮고 편향에 취약했다. 예컨대 두 명의 선수가 같은 평균 타율을 기록했더라도, 한 선수는 결정적 순간에 집중력을 발휘하여 팀 승리에 직접 기여도를 높였고, 다른 선수는 의미 없는 시점에서 안타를 쳤다면, 이 둘의 가치는 같을 수 없다. 그러나 과거의 기록은 이러한 차이를 구분하지 못했다.

AI는 이 공백을 메운다. 방대한 경기 데이터를 수집 · 통합 · 분석하여 총체적 역량을 정량화하고, 현장에서 파악하기 어려운 차이를 드러낸다. 대표적으로 MLB의

Statcast 시스템은 타구 속도, 발사각, 궤적을 초정밀 센서로 기록해 타자의 공격 성향을 분석한다(Fast, 2015). 외야수의 수비 범위는 실제 이동 거리와 반응 속도로 계량화되며, 포수의 프레이밍 능력은 수치화되어 평가의 새로운 기준을 제시한다(Deshpande & Wyner, 2017; Jensen et al., 2009). 데이터는 선수의 숨겨진 역량을 드러내고, 감독의 직관을 보완하며, 구단의 의사 결정을 검증 가능한 증거 위에 세운다.

국내 스포츠 현장 역시 변화를 맞이하고 있다. 한국스포츠경영전략연구원은 KLPGA 투어 데이터를 활용하여 선수들의 컷 통과 가능성을 예측하는 딥러닝 기반 평가 모델을 개발하였다. 이 모델은 단순히 지금의 성적을 반영하는 것이 아니라, 선수 개개인의 잠재력과 효율성까지 동시에 고려해 기존 평가 방식의 한계를 넘어섰다. 이어지는 연구에서는 자료 포락 분석(DEA)과 머신러닝 알고리즘을 결합해 상위 10위권 진입 가능성을 예측하는 정교한 프레임워크를 제시했는데, 이는 단순 성적 예측을 넘어 선수의 경기 기여도와 효율성을 함께 드러낸다는 점에서 의미가 크다(김필수 · 문정준, 2023; 김필수 · 이상현, 2023b, 2023c; 김필수 외, 2024). 이러한 시도는 곧, "선수는 단순히 결과로 평가받는 존재가 아니라, 투입과 산출의 균형 속에서 장기적 가치를 창출하는 자산"이라는 새로운 패러다임을 열어젖힌 것이다.

또한 DEA 분석을 통한 효율성은 스포츠 리그 전체의 경쟁력과 연결되기도 한다. 일부 연구자들은 한국프로야구 리그와 한국프로배구 리그의 효율성을 분석하여, 효율성이 세계 경쟁력이나 관중의 관심과 같은 리그의 경쟁력과 직결된다는 것을 증명하기도 하였다(김필수 · 이상현, 2023a; 김필수 · 이상현, 2024).

이러한 틀은 프로스포츠 종목을 넘어 경륜과 같은 기록 · 개인 기반 종목에서도 재현된다. 실증 분석에 따르면, 선수의 핵심 역량 지표와 DEA 효율성의 역동은 실제 입상 확률을 유의하게 설명하며, 이는 '현재 성적'뿐 아니라 투입-산출 균형을 반영한 가치 평가가 필요함을 뒷받침한다(김필수 · 이상현, 2022; 김필수 외, 2025b; 이상현 외, 2024b). 더 나아가 동일 종목의 베팅 매출 결정요인 연구는 경주 맥락(참가자 구성, 경주 특성, 수요의 시계열 패턴 등)이 수요 예측과 상품 설계에 구조적으로 작용함을 보여 주어, 선수 가치 평가 · 예측 모델과 실제 선수 연봉을 데이터로 연계하는 근거를 제공한다(이상현 외, 2024a).

AI는 이제 맨눈으로 식별하기 어려운 기량의 차이를

고해상도 데이터에서 포착한다. 웨어러블 센서와 영상 분석 장비로 수집된 이동 거리, 순간 반응 속도, 피로도 지수는 단순히 체력 평가를 넘어 전술적 포지셔닝, 경기 후 피드백, 재활 프로그램 설계에까지 활용된다. 이제 구단은 데이터를 기반으로 스카우팅, 전략 수립, 라인업 운영을 정밀하게 수행하며, 이는 선수와 조직의 미래를 동시에 관리하는 새로운 언어로 자리 잡았다.

포지션을 넘어: 플레이 스타일의 군집화

전통적인 포지션 분류는 더는 현대 스포츠를 설명하기에 충분하지 않다. 전통적으로 선수의 포지션은 농구의 "가드-포워드-센터" 혹은 축구의 "수비수-미드필더-공격수"와 같이 고정된 분류 체계로 정의되었다. 그러나 현대 스포츠에서는 이러한 단순화된 구분만으로는 선수의 실제 기여를 설명하기 어렵다. 같은 '미드필더'라도 어떤 선수는 공격적 창의성을 발휘하고, 다른 선수는 수비적 안정감을 제공하며, 또 다른 선수는 경기의 흐름을 조율한다. 같은 포지션의 선수일지라도 경기 내에서 발휘하는 행동 양식과 전술적 기능은 크게 다르기 때문이다.

AI는 이러한 전통적 포지션 개념을 해체하고, 행동 패턴 기반 군집화를 통해 새로운 유형을 제시한다. 구체적으로, 한국스포츠경영전략연구원은 주성분 분석(PCA: Principal Component Analysis)과 K-means 알고리즘을 활용하여 NBA 선수의 활동 반경, 공 소유 시간, 패스·슛 시도를 종합 분석했고, 그 결과 '볼-도미넌트 크리에이터', '3&D 수비형 포워드', '공간 점유형 센터'와 같은 세분된 유형을 도출하였다. 이는 단순한 명칭의 변화가 아니라, 팀 구성과 전술 개발 방식 자체를 바꾸는 혁신으로 이어지고 있다(이상현 외, 2024a).

프리미어리그에서도 GPS 기반 트래킹 데이터를 통해 미드필더를 공격형, 수비형, 조율형으로 세분화하는 연구가 이루어졌다(Andrienko et al., 2017). 이러한 접근은 공간 점유율, 패스 전환 위치, 압박 지점 같은 데이터에 기반하여 선수의 기여도를 더욱 정밀하게 드러낸다. KLPGA에서도 드라이버 비거리, 그린 적중률, 퍼팅 정확도를 종합해 장타형, 전략형, 안정형 유형으로 선수들을 분류하며, 이는 스폰서십 전략이나 마케팅, 선수 영입 협상에 중요한 기초 자료가 된다.

이러한 플레이 스타일 기반 군집화는 단순한 분류 작업을 넘어 새로운 전술 창출의 출발점이 된다. 감독은 특정 유형의 선수를 조합하여 팀 전술을 설계하고, 구단은 마케팅 차원에서 특정 유형의 선수를 브랜드와 연결할 수 있다. 포지션의 의미는 더는 고정된 위치가 아니라, 행동 패턴과 역할 스펙트럼으로 확장된 것이다. 이처럼 AI는 단순히 "어느 포지션인가"를 묻는 대신, "이 선수가 어떤 플레이 스타일을 구현하는가"라는 질문을 가능하게 한다. 결과적으로 포지션의 의미는 고정된 위치가 아니라 전술적 역할과 행태적 기여의 스펙트럼으로 확장된다.

데이터가 정하는 가격: 연봉과 시장 가치의 재구성

선수의 연봉은 단순한 보상이 아니다. 프로스포츠 구단의 미래 전략, 리그 전체의 경쟁 구도, 그리고 팬들의 열망까지 응축된 복합적 신호다. 연봉 액수는 곧 그 선수가 팀에서 차지하는 위상과 전략적 비중을 가시적으로 드러내며, 구단의 재정 상태와 리그의 경제 구조, 심지어는 팬들이 느끼는 희망과 불만까지도 반영한다. 그러나 오랫동안 연봉 산정은 불투명했다. 협상장은 때로 데이터보다는 감정이 앞서고, 객관적 근거보다는 '명성'이나 '감'이 중시되는 경우도 많았다. 이 때문에 같은 성과를 올린 선수라도 협상력, 이미지, 명성에 따라 대우가 달라졌다(Berri et al., 2011).

AI는 이 과정을 객관화하여 기존의 패러다임을 변혁하고 있다. 머신러닝 모델은 선수 시장 가치를 예측할 때 단순한 경기 성과뿐 아니라 기술(Technical skills), 체력(Physical ability), 인지 능력(Cognitive capacity) 세 가지 축을 복합적으로 반영하여 스포츠 선수가 종합적 인적 자본이라는 측면에서 연봉을 예측한다. 또한 설명가능 인공지능(XAI)은 모델이 왜 특정 연봉을 제시했는지 근거를 명확히 드러낸다. SHAP 분석은 "이 선수의 연봉이 상승한 이유는 드리블 성공률과 체력 지표의 기여가 크기 때문"과 같이 구체적 해석을 제공한다. 이는 협상장의 불투명성을 줄이고, 구단-선수-팬 사이의 신뢰를 강화한다.

국내 리그 역시 변화 중이다. 한국프로야구(KBO)와 한국여자프로골프(KLPGA)에서는 고급 지표가 연봉 산정에 점차 도입되고 있으며, 더 나아가 SNS 파급력, 팬 몰입 강화, 브랜드 협업 가능성과 같은 비정형 데이터까지 포함하려는 시도가 확산하고 있다. 이는 AI가 단순히 경기력만이 아니라, 경제적 · 문화적 가치까지 총체적으로 평가하는 도구로 자리매김하고 있음을 보여 준다.

또한 연봉 산정은 '얼마를 주느냐'라는 절대 수준만의 문제가 아니다. 같은 총액이라도 내부 보수 구조의 형태,

즉 포지션·선수 간 급여 분산(pay dispersion)이 팀 응집력·동기·성과에 미치는 영향이 다르다. 최근 NBA 데이터를 활용한 연구는 급여 수준과 분산, 그리고 팀이 보유한 인적 자원 수준(HR level) 간의 상호작용 효과를 보고하며, 단순 평균을 맞추는 접근보다 구조 설계가 중요하다고 지적한다(Kim & Lee, 2025a). 이 함의는 AI 기반 연봉 모델에도 그대로 확장된다(김필수 외, 2025a). 모델은 개인 성과만이 아니라 로스터 전체의 분산 시나리오를 함께 탐색하고, XAI로 '어떤 분산 구조가 왜 더 높은 팀 효율을 예측하는지'를 설명해 줄 필요가 있다.

연봉은 결국 구단 예산 운용, 리그의 샐러리캡 정책, 선수 에이전시의 협상 전략이 맞물리는 복합적 게임이다. AI 기반 연봉 모델은 단순히 "얼마를 지급할 것인가"의 문제를 넘어, 구단 재정의 지속 가능성과 리그 전체의 균형 발전을 좌우하는 핵심 변수로 작동한다.

잠재력과 리스크: 장기적 가치 평가

AI의 가장 큰 혁신은 단순히 선수의 현재 기량을 측정하는 것을 넘어, 미래를 예측하는 힘에 있다. 경기력의 시계열 변화, 부상 이력, 기술 습득 속도와 같은 데이터는 선수의 성장 곡선을 드러내는 숨은 신호다. 이러한 정보는 단순히 오늘의 승부를 분석하는 차원을 넘어, 3년 후, 5년 후에도 선수가 리그 최상위권에 머무를 수 있는지를 가늠하는 나침반 역할을 한다.

미국프로농구에서는 체력 유지력, 수비 집중력의 경기 간 일관성, 신체 능력 변화 추세는 장기 계약 여부를 판단하는 핵심 지표로 작동한다. 한때 리그 최정상급이었던 선수가 부상과 체력 저하로 갑자기 기량을 잃는 경우가 적지 않기 때문이다. 실제로 몇몇 구단은 거액의 장기 계약을 체결했다가 선수의 갑작스러운 기량 하락으로 심각한 재정적 손실을 본 사례가 비일비재하다.

국내 연구에서도 이러한 시도가 본격화되고 있다. 한국스포츠경영전략연구원은 자료 포락 분석(DEA)과 딥러닝을 결합해 선수의 효율성과 미래 성장 가능성을 분석하는 모델을 제시했다(김필수 외, 2024). 이 모델은 단기 경기력과 성적이라는 '즉각적 산출'에 머물지 않고, 투입 대비 산출의 효율성과 한국여자프로골프 선수들의 컷 통과 역량을 예측하는 측면에서 스포츠 산업에 파급력 있는 기술을 제시하였다.

향후 스포츠 산업에서의 선수 평가는 신체 능력뿐 아니라 정신적 안정성, 전술 적응력, 훈련 태도와 같은 비정형 데이터까지 포함한 복합 예측 모델이 보편화될 전망이다. 예컨대, 훈련 태도나 팀 커뮤니케이션 능력은 수치화하기 어려운 영역이지만 최근에는 선수 인터뷰, 훈련 영상, SNS 활동을 분석해 정량적 지표로 환산하려는 시도가 이루어지고 있다. AI는 이처럼 숫자로 환원되지 않는 영역을 새로운 데이터로 전환하면서, 과거에 '감'에 의존하던 판단을 점차 과학화하고 있다.

아울러, 잠재력 예측은 단순히 유망주 발굴에만 국한되지 않는다. 이는 장기 계약 전략, 유소년 육성 시스템, 부상 관리에도 결정적 역할을 한다. 구단은 특정 선수가 향후 5년간 리그 상위권 기량을 유지할 수 있을지, 혹은 부상으로 이탈할 가능성이 큰지를 예측해 위험을 관리한다. 최근 유럽 구단들은 GPS 데이터와 부상 이력 데이터를 통합해 "부상 리스크 점수"를 산출하고 있으며, 이를 계약 협상 과정에 반영한다. 선수 본인에게도 이러한 데이터는 '자신의 미래 가치'를 확인하고 관리할 수 있는 거울이 된다.

그러나 AI의 예측에도 한계는 존재한다. 메시(Lionel Messi)나 호날두(Cristiano Ronaldo)와 같은 슈퍼스타의 가치는 단순한 경기력 수치로 환산하기 어렵다. 그들은 구단 브랜드를 세계적 차원에서 강화하고, 팬덤의 충성도를 극대화하며, 지역 사회에 문화적 파급력을 미친다.

이러한 '비계량적 가치'는 AI 모델에 담기 어렵다. 따라서 미래의 선수 평가는 데이터 기반 분석과 인간적 통찰의 결합이라는 균형점 위에서 이루어져야 한다.

잠재력 예측은 단순히 유망주 발굴에만 국한되지 않는다. 이는 장기 계약 전략, 유소년 육성 시스템, 부상 관리에도 결정적 역할을 한다. 구단은 특정 선수가 향후 5년간 리그 상위권 기량을 유지할 수 있을지, 혹은 부상으로 이탈할 가능성이 큰지를 예측해 위험을 관리한다. 미래 가치 기반 평가는 곧 스포츠 조직의 지속 가능성을 담보하는 핵심 도구가 된다.

결국 잠재력 기반 평가는 구단이 단순히 "현재를 사는" 조직이 아니라, "미래를 투자하는" 조직임을 선언하는 과정이다. AI는 이 과정을 수치와 알고리즘으로 뒷받침하지만, 마지막 결단은 여전히 구단의 철학과 비전에서 비롯된다. 데이터와 인간적 판단이 함께 작동할 때, 선수 평가는 비로소 장기적 지속 가능성을 보장하는 전략 언어로 자리매김하게 된다.

참고문헌

김필수·문정준(2023). "DEA모형을 통한 한국프로농구 선수의 포제션 대비 생산 효율성 측면의 선수가치 평가 및 경기력 영향 분석". 《한국사회체육학회지》, 92, 39~52쪽.
김필수·이상현(2022). "DEA 모형을 통한 한국프로농구팀 상대적 효율성 평가 및 정규리그 승률 영향 분석". 《한국체육학회지》, 61(6), 45~57쪽.
김필수·이상현(2023a). "한국프로야구 리그의 효율성에 대한 고찰 DEA 및 DEA-Window". 《한국스포츠사회학회지》, 36(2), 86~111쪽.
김필수·이상현(2023b). "AI 머신러닝 알고리즘을 적용한 한국여자프로골프(KLPGA) 선수의 상위 10위 이내 진입 여부 예측: 스포츠 애널리틱스 관점". 《한국스포츠산업경영학회지》, 28(4), 51~66쪽.
김필수·이상현(2023c). "DEA 모형을 통한 한국여자프로골프 선수의 효율성 평가 및 경기성적과 상금 영향 분석". 《골프연구》, 17(3), 97~109쪽.
김필수·이상현(2024). "DEA Window를 활용한 국내 여자 프로배구리그 효율성과 국제대회 성적 간의 연관성 분석". 《한국엔터테인먼트산업학회지》, 18(5), 39~52쪽.
김필수 외(2024). "딥러닝 알고리즘 적용한 한국여자프로골프 선수들의 컷 통과 예측 및 성능평가". 《한국엔터테인먼트산업학회논문지》, 18(3), 155~167쪽.
김필수 외(2025a). "스포츠 조직 경영 효율성 제고를 위한 선수 가치 평가 연구: 국민체육진흥공단 경륜 선수 매출 기여도를 중심으로". 《한국스포츠산업경영학회지》, 30(1), 126~147쪽.
김필수 외(2025b). "머신러닝 기반 한국프로농구(KBL) 선수 연봉 예측 모델의 설계 및 실증 분석". 《한국체육학회지》, 64(5), 187~212쪽.
이상현 외(2024a). "경륜 경주 데이터를 활용한 스포츠베팅 매출 결정요인 연구", 《한국융합과학회지》. 13(12), 89~110쪽.
이상현 외(2024b). "선수 핵심 역량과 효율성의 역동이 성적에 미치는

영향: 경륜 선수의 입상을 중심으로". 《체육과학연구》, 35(4), 575~587쪽.

이상현 외(2024c). "현대 프로농구 선수 포지션 역할에 대한 새로운 접근 주성분 분석을 통한 NBA(미국프로농구) 선수 포지션 재정의". 《한국사회체육학회지》, 95, 279~295쪽.

Andrienko, N. et al.(2017). Visual analysis of pressure in football. *Data Mining and Knowledge Discovery, 31*(6), pp.1793~1839. https://doi.org/10.1007/s10618-017-0513-2

Baumer, B. & Zimbalist, A.(2014). *The sabermetric revolution: Assessing the growth of analytics in baseball.* University of Pennsylvania Press.

Berri, D. J. et al.(2011). From college to the pros: Predicting the NBA amateur player draft. *Journal of Productivity Analysis, 35*(1), pp.25~35.

Deshpande, S. K., & Wyner, A.(2017). A hierarchical Bayesian model of pitch framing. Journal of Quantitative Analysis in Sports, 13(3), 95~112. https://doi.org/10.1515/jqas-2017-0027

Jensen, S. T. et al.(2009). Bayesball: A Bayesian hierarchical model for evaluating fielding in Major League Baseball. The Annals of Applied Statistics, 3(2), 491~520. https://doi.org/10.1214/08-AOAS228

Groll, A. et al.(2019). A hybrid random forest to predict soccer matches in international tournaments. *Journal of Quantitative Analysis in Sports, 15*(4), pp.271~287. https://doi.org/10.1515/jqas-2018-0060

Kim, P. & Lee, S.(2025.11). Does pay level always work? The roles of pay dispersion and the level of human resources in the case of NBA teams. *Evidence-based HRM: a Global Forum for Empirical Scholarship*, pp.1~19. Emerald Publishing Limited.

Lundberg, S. M. & Lee, S.-I.(2017). A unified approach to interpreting model predictions. *Advances in Neural Information Processing Systems, 30.* https://proceedings.neurips.cc/paper_files/paper/2017/file/8a20a8621978632d76c43dfd28b67767-Paper.pdf

04
전술과 의사 결정의 과학화

스포츠에서 감독은 단순한 경기 지도자가 아니다. 감독은 팀의 전략을 설계하고, 선수들의 잠재력을 끌어올리며, 위기의 순간에 결정을 내려 승부의 흐름을 바꾸는 존재다. 감독의 의사 결정은 팀 성적에 직접적으로 반영되며, 이는 곧 구단의 재정적 성과와 팬들의 만족도에도 영향을 미친다. 따라서 감독을 어떻게 평가할 것인가, 그의 리더십과 전술적 선택을 어떤 방식으로 계량화할 것인가는 스포츠 애널리틱스가 풀어야 할 핵심 과제 중 하나다. 바로 이 지점에서 인공지능은 새로운 돌파구를 제시한다.

청각장애인과 AI?

감독은 왜 중요한가?
승부를 넘어 조직을 지휘하는 두뇌

스포츠에서 감독은 단순히 벤치에 앉아 선수 교체를 지시하는 사람이 아니다. 감독은 팀의 철학을 설계하고, 전술적 색깔을 부여하며, 경기 중 수많은 변수를 통제하는 조직의 두뇌다. 한 선수의 기량은 개인의 승부를 좌우하지만, 감독의 역량은 팀 전체의 성과와 미래를 결정한다(김대권 외, 2015; 김필수, 2020; 김필수 외, 2024).

역사를 돌아보면, 감독 한 명의 존재가 구단의 운명을 바꾸는 사례는 부지기수다. 알렉스 퍼거슨 경이 맨체스터 유나이티드를 수십 년간 정상권에 올려놓은 것, 김응용 감독이 한국프로야구에서 장기 왕조를 구축한 것은 모두 감독이 단순한 '작전 지시자'를 넘어 문화와 시스템의 창조자였음을 보여 준다. 그러나 오랫동안 감독의 평가는 승률, 우승 횟수, 혹은 '카리스마' 같은 모호한 이미지에 지나치게 의존해 왔다. 이런 방식은 팀 전력의 차이, 리그 환경, 선수 자원의 질을 충분히 고려하지 못한다는 점에서 구조적 한계를 안고 있었다.

오늘날 스포츠는 더는 직관과 명성만으로 운영될 수 없는 고도의 데이터 산업이다. 관중은 실시간 데이터에 익숙해졌고, 구단은 수억 달러의 투자를 효율적으로 관리해야 한다. 따라서 감독의 영향력 또한 과학적이고 정량적인 분석을 통해 평가되어야 한다. 이 지점에서 AI는 감독을 바라보는 새로운 창을 제공한다.

AI 기반 감독 기여도 분석: 전통적 평가를 넘어

AI는 감독의 기여도를 객관적으로 수치화하는 새로운 가능성을 열었다. 최근 연구들은 선수단 고유 역량만으로 예측한 성적과 실제 성적의 차이를 비교하여 감독의 기여도를 추정한다. 이와 같은 방식은 감독을 수행하면서 팀 선수 자원을 운용하고 성장시켜 극대화했는지를 감독 성과로 평가하여 경쟁팀의 감독과 직접적으로 상대적 비교할 수 있다는 점에서 기존의 평가 방식보다 더욱 정밀한 방법론이다(Kim & Lee, 2025; 김필수 외, 2024). 또한 팀 전력을 통제한 후 감독의 시즌별 성적을 비교하거나 동일 감독이 서로 다른 구단에서 활동할 때의 성과 변화를 분석함으로써 감독 개인의 전략 효과를 추출하려는 시도도 존재한다.

예컨대 엘리트 스포츠 전술 분석은 이벤트 · 트래킹 데이터와 ML의 결합으로 정량화가 급진전했다(Rein & Memmert, 2016; Pappalardo et al., 2019). 선수 · 전력 요인을 통제한 뒤 지도자(감독)의 초과 기여를 추정하는 계량 틀도 제시되어 왔다(Deshpande & Jensen, 2016; Kim & Lee, 2025). 이는 기존의 승률 중심 평가가 놓친 전력 초과 기여라는 개념을 드러내며, 감독 비교의 새로운 기준을 제시한다.

국내에서도 한국프로야구 리그 감독들을 대상으로 세이버메트릭스 기반 머신러닝 알고리즘을 적용해 코칭 마진(coaching margin)을 산출한 연구가 진행되었다. 예측 성적 대비 실제 성적을 통해 감독의 전략적 영향력을 정량화한 이 연구는, 같은 자원에서도 더 나은 성과를 만들어 낸 감독을 객관적으로 가려내는 데 성공했다. 나아가 시즌별 데이터를 활용해 일관성과 지속성까지 분석하여, 단발적 성과와 구조적 성과를 구분할 수 있게 하였다(김필수 외, 2024). 해당 연구는 시즌별 데이터를 활용해 감독의 일관성과 성과의 지속성을 동시에 평가하였다.

이러한 분석 방식은 감독의 임용, 재계약, 연봉 협상에서 더욱 합리적인 기준을 제시할 수 있으며, 팬과 미디어의 평가 기준을 다층적으로 정교화하는 데에도 활용될 수 있다. AI는 감독 평가의 새로운 표준을 제시하고 있으며, 기존의 경험적 판단을 보완하는 도구로 자리매김하고 있다.

감독의 의사 결정과 전략 수립: AI로 해석된 전술 판단

감독의 주요 역할 중 하나는 다양한 경기 상황에서 전략적으로 의사 결정을 내리는 것이다. 경기 중 감독의 의사 결정은 종종 한 시즌의 운명을 갈라놓는다. 선수의 교체 타이밍, 작전 수행 지시, 특정 선수를 기용하는 결정 등은 팀의 승패에 직결되는 요소로, 과거에는 경험과 직관에 의존해 이루어졌다. 이는 모두 경기의 흐름을 바꿀 수 있는 중대한 선택이다. 이전에는 이러한 판단이 감독의 경험과 직관에 전적으로 의존했지만, 이제는 AI가 그 순간의 결정을 정량적으로 해석하고 평가하는 도구로서의 가능성을 제시하고 있다.

예를 들어, 머신러닝 알고리즘은 특정 감독의 교체 타이밍과 그 이후 경기 결과를 비교해 전략적 선택의 기댓값을 계산한다. 대타 기용이 승리 확률을 실제로 얼마나 높였는지, 혹은 투수 교체가 오히려 손실을 불러왔는지를 수치로 보여 주는 것이다. 이는 단순히 결과가 아닌, 당시 상황에서 최적의 선택이었는지를 따져 묻는 의사 결정의 질적 평가다.

실제로 MLB 일부 구단은 데이터 사이언스 팀과 전략 분석팀이 협업하여 경기 전후 감독의 선택을 시계열로 정리한다. 같은 상황에서 보수적인 전략을 반복했는지, 아니면 혁신적인 전술을 시도했는지를 분석해 감독의 스타일을 유형화한다. 구체적으로, 과거 유사한 의사 결정의 상황에서 감독이 선택한 결정과 비교해 전략 일관성과 혁신성을 함께 분석한다. 예컨대, 경기 후반 1점 차 상황에서의 교체 전략이 승률에 미치는 영향과 감독의 선택이 보수적인지 혁신적인지를 동시에 판단하게 되는 것이다.

나아가 AI는 상대 팀 전술 패턴을 학습해 경기 전에 최적 전략을 제안하거나, 경기 도중 실시간으로 "가장 높은 기대 득점을 보장하는 선택"을 감독에게 제시하기도 한다. 이는 감독의 실시간 의사 결정을 지원하는 보조 시스템으로 진화하고 있으며, 최근에는 실시간 음성 인식, 전술 데이터 스트리밍을 기반으로 경기 중간의 판단을 자동 분석하고 제안하는 시스템도 시도되고 있다. 이제 감독의 의사 결정은 직관과 데이터가 맞물리는 하이브리드 지성의 산물이 되고 있다.

리더십의 장기적 효과: 팀 문화와 선수 성장

감독의 진정한 영향력은 단기 승리에 그치지 않는다. 감독은 선수 육성, 조직 문화 형성, 장기적 전력 강화에 이르기까지 구단의 미래를 설계한다(김필수 · 김대권, 2015b). 그러나 이러한 기여는 수치화되기 어렵고, 감독을 평가하는 과정에서 정확한 측정의 어려움으로 편의적으로 배제되는 것이 비교적 쉬운 영역이었다. AI 분석은 이제 이러한 비가시적 성과까지 계량화하려는 시도를 확장하고 있다.

선수의 성장 곡선은 단순한 성적 그래프가 아니라, 감독의 리더십이 개입된 결과물이다. 예를 들어, 젊은 선수가 시즌마다 점진적으로 출전 시간을 늘리며 경기 집중력을 높이는 과정, 벤치 멤버가 전략적으로 활용되며 전술적 다양성이 증가하는 과정은 모두 감독의 숨은 기여다. 또한 리빌딩 팀에서의 성적 반등, 전력 불균형 해소, 시즌 간 전력 상승률 등은 감독의 중장기 전략과 조직 장악력의 성과로 고려될 수 있다. AI는 이를 성장률 지표, 활용 다양성 지수, 후반기 성과 개선율 등의 데이터로 환원한다.

유럽 챔피언스리그 우승팀 중 일부는 데이터 기반 분석을 통해 선수 성장률이 높은 감독의 전술 운영 특징을 규명한 바 있으며, 내부 유망주 활용 비중이 높은 감독일수록 장기적 성과가 높다는 사실이 드러났다(UCL Analytics, 2023). 또한 국내 프로축구(K-LEAGUE), 프로야구(KBO), 프로농구(KBL) 리그의 데이터로 감독 교체 전후의 팀 성과를 시계열 분석한 결과, 특정 감독이 구조적으로 성과를 향상시킨 감독 효과의 사례가 확인되었다(김필수, 2020; 김필수 · 김대권, 2015a, 2015b; Kim, 2022).

이처럼 감독의 장기적 리더십은 단순한 전술 운용을 넘어 조직 생태계 전체의 학습과 성장을 설계하는 과정으로 이해될 수 있다. AI는 이러한 데이터를 누적 학습함으로써, 선수 자원 기반에서 장기적으로 팀의 발전 방향을 끌어낸 감독을 식별하고, 그 영향력을 계량화할 수 있다. 특히 반복적 승리보다는 구조적인 성과 향상에 초점을 맞춘다면, 리더십의 본질에 더욱 근접한 분석이 가능해진다.

AI 기반 감독 평가의 활용과 한계

AI 기반 감독 분석은 프로스포츠 구단 경영의 합리성을 높이고, 팬과 미디어 담론을 풍성하게 만드는 혁신적 도구다. 선수의 영입 및 재계약 의사 결정, 리빌딩 전략 수립, 성과급 책정, 팀 컬처 구축 등 주요 전략 및 인사 결정에서 데이터 기반의 근거를 제공함으로써, 경영 리스크를 줄이고 효과성을 극대화할 수 있다. 또한 미디어와 팬 커뮤니티, 스포츠 평론에서도 이러한 분석은 새로운 관점을 제공한다. 무엇보다 더 높은 도약을 위해 '좋은 감독'을 선임해야 하는 모든 프로스포츠 구단이 피할 수 없는 본질적인 질문인 '좋은 감독이란 무엇인가'에 새로운 차원의 답을 제공할 수 있다.

그러나 한계 또한 분명하다. 첫째, 감독의 카리스마, 팀 내 소통 능력, 정서적 리더십과 같은 비정량적 요인은 아직 완전히 계량화되지 못했다. 둘째, 같은 감독이라도 팀 상황 · 리그 환경 · 부상 변수에 따라 성과가 달라지므로, 맥락을 고려하지 않은 수치는 정보의 왜곡을 불러올 수 있다. 셋째, 데이터 품질과 일관성, 전술 변화의 역사성을 충분히 반영하지 못하면 평가의 타당성이 흔들릴 수 있다. 마지막으로, 데이터 분석 결과가 지나치게 계약 협상에만 사용될 경우 감독의 전략적 모험을 저해할 수 있다는 지적도 존재한다.

따라서 AI 기반 감독 분석은 절대적 기준이 아니라 보조적 도구로 활용될 때 가장 효과적이다. 미래에는 데이터 과학, 경영학, 경제학, 심리학, 조직 행동론이 결합한 통합 분석 틀이 등장해, 감독의 리더십을 더욱 다층적으로 해석할 수 있을 것이다. 결국 스포츠에서의 지도력은 단순한 승리의 기술을 넘어, 사람과 조직, 문화와 미래를 함께 이끄는 힘이라는 점을 잊지 말아야 한다.

참고문헌

김대권 외(2015). “프로스포츠 팀 감독의 전략적 리더십과 프로스포츠 팀 경영”. 《한국사회체육학회지》, 61, 179~192쪽.

김필수(2020). “프로야구감독의 선수지도경력, 경기지휘역량, 교체시기의 요인이 프로야구팀의 경기성과에 미치는 영향”. 《한국스포츠산업경영학회지》, 25(5), 59~78쪽.

김필수·김대권(2015a). “한국프로농구팀의 응집력과 경기성과 간의 관계: 감독역량과 감독경험의 조절효과를 중심으로: 감독역량과 감독경험의 조절효과를 중심으로”. 《한국사회체육학회지》, 62, 105~117쪽.

김필수·김대권(2015b). “한국프로축구팀의 감독교체가 팀 경기성과에 미치는 영향”. 《한국체육학회지》, 54(4), 329~345쪽.

김필수 외(2024). “한국프로야구 감독역량의 평가 방법에 대한 새로운 시각: 세이버메트릭스 기반 머신러닝 알고리즘의 적용”. 《한국디지털콘텐츠학회 논문지》, 25(7), 1833~1845쪽.

Deshpande, S. K., & Jensen, S. T.(2016). Estimating an NBA coach's impact on his team's performance. *Journal of Quantitative Analysis in Sports, 12*(4), pp.151~166. https://doi.org/10.1515/jqas-2015-0076

Kim, P.(2022). The Effects of Organizational Capabilities on the Competitive Performance: Ev idence from Korean Baseball Organization (KBO) Professional Teams. Unpublished Ph. D. Dissertation, Hanyang University.

Kim, P. & Lee, S. H.(2025). How to assess leader capabilities: Applying AI algorithms to evaluate NBA head coaches.

Journal of Sports Analytics, 11, e21502182513575 38.
https://doi.org/10.1177/22150218251357 5

Pappalardo et al.(2019). PlayeRank: Data-driven performance evaluation and player ranking in soccer via a machine learning approach. *ACM Transactions on Intelligent Systems and Technology, 10*(5), 59.
https://doi.org/10.1145/3343172

Rein, R. & Memmert, D.(2016). Big data and tactical analysis in elite soccer: Future challenges and opportunities for sports science. *SpringerPlus, 5*, 1410.
https://doi.org/10.1186/s40064-016-3108-2

05
부상 예측과 시즌 전략의 AI 혁신

프로스포츠의 역사에서 가장 큰 변수 중 하나는 '부상'이었다. 팀의 간판선수가 시즌 중반에 갑작스럽게 전력에서 이탈하면, 그 공백은 단순한 경기력 저하를 넘어 팀 전체의 전략, 재정 운영, 팬들의 기대까지 흔들리게 된다. 과거에는 이를 '운'이라고 치부하거나, 선수 개인의 체질 · 훈련 태도 문제로 돌리는 경우가 많았다. 그러나 이제는 다르다. 인공지능(AI)은 부상을 불가피한 리스크가 아닌, 예측하고 관리 가능한 변수로 바꾸어 내고 있다.

AI 콘텐츠 크리에이터?

훈련 부하 및 피로 누적 분석

인공지능(AI)은 오늘날 스포츠 산업에서 단순히 경기력 향상을 위한 도구를 넘어, 선수 보호와 구단 운영의 효율화를 동시에 견인하는 전략적 인프라로 부상하고 있다. 지금까지 스포츠 현장에서 부상은 언제나 예측 불가능하면서도 팀의 성패와 선수의 경력 전체에 결정적인 영향을 미쳐왔다. 한 명의 핵심 선수가 시즌 중장기 부상으로 이탈하면, 팀은 순위 경쟁에서 치명적인 타격을 입고, 선수 개인 역시 경력 발전 궤도가 급격히 변동한다. 따라서 부상을 예방하고, 피로를 과학적으로 관리하며, 장기적인 시즌 전략을 최적화하는 일은 스포츠 조직의 성과와 지속 가능성을 좌우하는 중대한 과제로 자리 잡았다.

프로스포츠 선수의 부상은 단순한 경기력 저하 문제가 아니다. 그것은 팀 성적, 팬들의 기대, 구단의 재무 건전성, 심지어는 선수 한 사람의 생애 경로 전체를 바꿔 놓는 중대한 리스크다. AI는 웨어러블 기기와 첨단 센서 장비를 통해 획득한 방대한 생체 데이터를 정밀하게 분석함으로써, 과거에는 감독과 트레이너의 직관에 의존하던 피로 누적과 부상 가능성을 조기에 탐지해 낸다.

대표적으로 수집되는 데이터는 심박수 변화율, 경기 및 훈련 중 이동 거리, 순간 가속도 · 감속도, 점프 횟수 및 반응 속도, 수면 패턴 등이다. 이러한 다자원적 데이터를 머신러닝 알고리즘으로 통합 분석하면, 인간의 눈으로는 식별하기 어려운 '지속적 피로 구간'이나 '부상 전조 신호'를 조기에 포착할 수 있다(Gabbett et al., 2016). AI의 가장 직접적인 기여는 '보이지 않는 피로'를 데이터로 드러내는 것이다.

예컨대 잉글랜드 프리미어리그의 맨체스터시티(Manchester City)에서는 AI 기반 피로 지수를 산출하여, 선수 개개인이 일정한 임계치(threshold)를 초과하면 자동으로 훈련 강도를 낮추고, 회복 중심 프로그램을 배치한다(Gabbett et al., 2016). 국내 KBO 리그 구단들 역시 유사한 방식으로 고강도 구간에서의 피로 누적을 실시간 모니터링하고 있으며, 특정 선수에게 과부하 패턴이 포착되면 전략적 로테이션을 선제 도입하여 시즌 전반에 걸쳐 안정적인 경기력을 유지한다.

최근에는 비전 AI(Computer Vision AI)의 비약적 발전이 훈련 장면을 영상으로 촬영하고, 딥러닝 알고리즘을 통해 선수의 관절 각도, 움직임의 대칭성, 지면 반력(reaction force) 등을 고해상도로 분석하는 방식으로 확장되고 있다. 이러한 분석은 단순한 움직임 평가가 아닌 '부상 발생 메커니즘' 자체를 시뮬레이션하는 수준으로 진화하고 있다.

궁극적으로, 선수 개개인의 회복 속도를 시계열적으로 모형화하는 접근은 훈련 강도를 단순히 늘이거나 줄이는 단계를 넘어, '맞춤형 로드 매니지먼트(load management)'라는 새로운 훈련 패러다임을 정립했다. 면역력 저하, 수면 질 감소, 미세 근섬유 손상 등의 신호가 특정 선수에서 반복적으로 식별된다면, AI 시스템은 해당 선수를 시즌 초반에 전략적으로 기용하지 않고 후반부나 토너먼트에 집중하는 선택을 제안할 수 있다.

특히, 청소년 선수와 재활 직후 선수의 경우, AI 기반 개입은 장기적인 선수 생애 주기 관리에서 결정적인 안전망 역할을 수행한다. 인간의 직감으로는 포착되지 않는 작은 피로 곡선의 변화가, 실제로 향후 심각한 부상으로 확산되는 경향을 AI가 사전에 경고할 수 있기 때문이다.

부상 위험 예측과 AI 기반 조기 경고 시스템

AI의 진정한 힘은 현재 상태를 진단하는 것을 넘어 미래를 예측하는 데 있다. 최근 수년간 스포츠 현장에서는 다양한 머신러닝 기법을 활용하여, 선수의 경기 이력, 운동생리학적 지표, 컨디션 편차를 통합 분석하는 부상 예측 모델이 개발되고 있다.

AI는 단지 현재 상태를 진단하는 수준을 넘어, 미래의 부상 가능성을 예측하는 역할까지 수행하고 있다. 최근에는 다양한 머신러닝 알고리즘(SVM, Random Forest, RNN 등)을 활용하여, 선수의 경기 이력, 생체 지표, 피로 누적 지수 등을 통합 분석한 부상 예측 모델이 개발되고 있다. AI는 웨어러블 · GPS로 수집한 이동거리, 가속 · 감속, 심박 등 다변량 데이터를 학습해 부상 전조를 조기 탐지하고 로드 매니지먼트를 정밀화한다(Rossi et al., 2018).

일본 J리그 구단들은 GPS 기반 이동 패턴 분석을 통해 특정 방향의 폭발적 가속이 현저히 줄거나 좌우 움직임의 비대칭성이 증가하면 부상 위험 신호를 경고해 준다. 이는 단순한 기록의 나열이 아니라, 실제 경기에서의 '위험 순간'을 초점화하여 감독과 코치진에게 경고 알림을 제공하는 지능형 안전장치다.

컴퓨터 비전 기반 영상 분석은 선수의 동작을 3차원 모델로 재현하고, 관절 가동 범위, 지면 접촉 시간, 회전력 등을 수치화한다. 이를 통해 특정 자세 – 예컨대 잘못된 점프 착지 동작 – 가 근육 손상과 어떻게 직접적으로 연결되는지를 명료하게 분석하여, 구단은 맞춤형 부상 예방 프로그램을 설계할 수 있다. 이는 '개입 없는 관찰'에서 '예측적 설계'로의 전환이라 할 수 있다.

나아가, 부상 예측은 단순히 의학적 판단의 보조 역할에 그치지 않는다. 구단의 운영 전략에도 즉각적으로 반영된다. 주요 선수의 부상 위험도가 높은 주간에는 전략적 휴식을 계획하거나, 기존 포메이션을 조정하여 특정 포지션에 대한 의존도를 분산시킨다. 더 나아가 AI는 이러한 부상 위험 확률을 경제적 비용으로 환산할 수 있게 함으로써 리스크 기반 계약 전략과 스포츠 보험 상품의 정교한 설계에도 응용되고 있다.

실시간 경기 전략 수립과 지능형 의사 결정 시스템(IDSS)

스포츠 경기는 끊임없이 변동하는 시스템이다. 순간적 흐름 변화, 상대 전술의 돌발적 응용, 그리고 선수 개인 컨디션의 미세한 차이가 경기 결과를 뒤집는다. 이러한 비선형적 시스템 속에서 감독의 직관은 중요하지만, 이제는 데이터 기반 지능형 의사 결정 지원 시스템(IDSS)이 그 직관을 보완·강화하는 역할을 담당한다.

MLB에선 Statcast 기반의 OAA(Outs Above Average), Fielding Run Value, Catch Probability 같은 지표를 통해

수비 범위와 반응, 포지셔닝 효과를 실시간에 가깝게 수치화하고 전술을 조정한다(Jensen et al., 2009; Baseball Savant, Statcast Leaderboard).

축구에서는 경기 전반 동안 수집된 패스 네트워크 효율성, 공간 점유율, 라인 간 압박 강도를 분석하여 하프타임에 감독에게 전술 시뮬레이션을 제공한다. EPL 구단들은 이미 이 시스템을 표준처럼 도입했으며, 펩 과르디올라 감독은 실제로 데이터 보고서를 기반으로 후반전 라인업을 수정하는 것으로 알려져 있다(Cox, 2019).

농구에서는 라인업별 실시간 득실차, 전환 속도, 리바운드 전환 성공률을 즉각 산출해 감독에게 교체 타이밍을 제안한다. 필라델피아 세븐티식서스의 경우, 경기 중 데이터 분석가가 벤치 옆에 자리를 잡고 실시간으로 지표를 공유하여 전술 콜이 즉각적으로 조정된다.

향후 IDSS는 시뮬레이션 기반 예측 기능과 결합하여 단순 반응이 아니라 '선제 대응'까지 가능해질 전망이다. 예컨대 상대 팀이 후반 10분 동안 특정 전술 패턴을 반복할 확률을 사전에 계산해 감독에게 통보하고, AR/VR 기반 전술 시각화 도구로 즉각 시인성을 제공하는 것이다. 이는 감독의 경험과 AI의 예측이 결합하는 하이브리드 지성(hybrid intelligence)의 구현이라 할 수 있다.

복귀 및 재활 전략: AI 기반의 통합 회복

부상 이후 복귀는 선수의 경력에서 가장 미묘하고 중요한 국면이다. 너무 빨리 복귀하면 재부상 위험이 커지고, 지나치게 늦으면 경기력은 저하되며 팀과 선수 모두 손실을 본다. 과거에는 의료진의 경험과 감각에 크게 의존했으나, AI는 다양한 생체 및 동작 데이터를 통합하여 '객관적 지표에 근거한 복귀 판단'을 가능하게 하고 있다.

NBA의 뉴올리언스 펠리컨스는 웨어러블 센서를 통해 심박 회복 속도, 근전도 반응, 가속도 데이터를 수집하여 복귀 여부를 과학적으로 결정한다. 특히 과거 유사 부상 사례와 교차 분석하여 선수별 최적 재활 프로그램 강도를 설계한다.

GPS 이동 패턴과 동작을 분석하는 시스템은 실제 경기 시뮬레이션 속에서 선수의 동작 안정성을 평가한다. 특정 방향으로 전환할 때 균형이 흔들리거나 무릎의 회전 각도가 정상 범위를 벗어날 경우, 시스템은 선수의 복귀를 연기하라는 경고 신호를 즉각적으로 제공한다. 이와 같은 예측적 개입은 햄스트링, 무릎, 어깨 등 반복적 손상이 빈발하는 부위에서 특히 효과적이다. 나아가 AI는 재부상 위험 구간을 시계열로 제시하여 재활 과정 중 무리한 훈련으로 인한 악순환을 원천적으로 차단한다.

앞으로는 신체 지표뿐 아니라 멘탈 회복 데이터, 심리적 자신감 지수, 언어 · 표정 기반 감정 분석까지 통합한 '홀리스틱 복귀 평가 모델'이 등장할 것이다. 즉, 경기력의 완벽한 회복은 단지 근육의 강도 회복이 아니라, 선수의 심리적 몰입과 자신감이 충만한 상태에서 비로소 완성된다는 통찰을 반영하는 것이다. 따라서 AI 기반 재활 전략은 단순한 의료적 개입이 아니라, 장기적 선수 생애주기 관리 속에서 '통합 회복 솔루션'으로 발전할 가능성이 크다.

AI 기반 부상 예측과 시즌 전략 수립의 혁신은 단지 기술 발전이 아니라, 스포츠 운영 철학의 근본적 전환을 의미한다. 직관과 경험에는 여전히 가치가 있으나, 데이터와 AI 알고리즘은 이를 검증하고 보완하며, 더 나아가 새로운 수준의 전략적 선택지를 제시한다. 궁극적으로 구단은 비용 효율성을 높이고, 팬들은 지속적인 스타 선수의 활약을 경험하며, 선수들은 보다 안전하고 지속 가능한 커리어를 구축할 수 있다. AI는 선수 보호를 넘어, 스포츠 산업 전반이 '예측과 설계'의 언어로 통합되는 패러다임의 핵심 축으로 자리 잡고 있다.

참고문헌

Baseball Savant(MLB Statcast). Statcast Leaderboard / OAA, Catch Probability, Fielding Run Value. https://baseballsavant.mlb.com/statcast_leaderboard

Cox, M.(2019.3.5). How Guardiola's use of data is changing football. The Guardian. https://www.theguardian.com/football/blog/2019/mar/05/pep-guardiola-data-analytics-manchester-city

Carey, D. L. et al.(2018). Predictive modelling of training loads and injury in Australian football. *International Journal of Sports Physiology and Performance, 13*(10), pp.1369~1377. 10.2478/ijcss-2018-0002

Cox, M.(2019). *Zonal Marking: The Making of Modern European Football.* HarperCollins.

Gabbett, T. J. et al.(2016). The training—injury prevention paradox: Should athletes be training smarter and harder?. *British Journal of Sports Medicine, 50*(5), pp.273~280. https://doi.org/10.1136/bjsports-2015-095788

Jensen, S. T. et al.(2009). Bayesball: A Bayesian hierarchical model for evaluating fielding in MLB. *The Annals of Applied Statistics, 3*(2), pp.491~520. https://doi.org/10.1214/08-AOAS201

Rossi, A. et al.(2018). Effective injury forecasting in soccer with GPS training data and machine learning. *PLOS ONE, 13*(7), e0201264. https://doi.org/10.1371/journal.pone.0201264

06

AI 기반 스포츠 경기 결과 예측

스포츠의 본질적 매력은 그 예측 불가능성에 있다. 그러나 역설적으로, 이러한 불확실성이야말로 인간의 예측 욕구를 자극하는 가장 강력한 동력이 되어 왔다. 오늘날 AI 기술의 발전은 이 근본적 모순을 새로운 차원에서 조화시키며, 스포츠 예측을 과학의 영역으로 끌어올리고 있다. AI가 스포츠 경기 결과 예측에 어떻게 혁명적 변화를 가져왔는지, 그리고 이러한 변화가 베팅 시장과 스포츠 산업 전반에 미치는 파급 효과를 심층적으로 고찰한다.

AI와 민주주의?

불확실성의 스포츠, 예측의 과학화

스포츠는 인류 문명사에서 가장 오래된 불확실성의 무대다. 고대 올림피아 경기장에서부터 현대의 메가 스타디움에 이르기까지, 관중들이 열광하는 이유는 단 하나의 공통점에서 출발한다. 바로 '무엇이 일어날지 모른다'는 짜릿한 기대감이다. 스포츠의 매력이자 동시에 예측의 어려움은 바로 이러한 복잡성과 우연성에 있다. 전술, 선수 심리, 외부 환경 등 수많은 요인이 복합적으로 작용하여 경기 결과에 영향을 미치기 때문이다. 전통적으로 전문가 분석, 과거 통계, 배당률 등에 의존하던 예측 방식은 제한된 변수만을 고려하며, 실시간성과 맥락 반영에 한계를 보였다. 이러한 예측 불가능성은 스포츠를 단순한 신체적 경쟁이 아닌 드라마로, 오락이 아닌 문화로 승화시키는 핵심 동력이었다.

그러나 현대에 들어 이 불확실성의 본질이 근본적으로 재정의되고 있다. 과거에 '운명'이나 '우연'으로 치부되던 경기 결과가 이제는 수많은 변수의 복잡한 상호작용으로 이해되기 시작했다. 선수의 생체 리듬, 기상 조건, 심리적 압박감, 전술적 선택, 심지어 관중의 응원 패턴까지도 경기 결과에 미묘하면서도 결정적인 영향을 미치는 요인으로 인식되고 있다. 이러한 인식의 전환은 스포츠 예측을 단순한 추측의 영역에서 과학적 분석의 대상으로 격상시켰다.

스포츠의 매력이자 동시에 예측의 근본적 어려움은 바로 이러한 다차원적 복잡성과 비선형적 우연성의 교차점에 위치한다. 선수 개인의 순간적 판단, 날씨의 미세한 변화, 상대방의 예상치 못한 전술 변경 등 한 경기에서 벌어지는 수백 수천 개의 미시적 사건들이 거미줄처럼 얽혀 최종 결과를 결정한다. 전통적인 예측 방식은 이러한 복합적 역학 관계를 온전히 담아낼 수 없었다. 전문가의 직관적 분석, 과거 통계의 기계적 추론, 단순한 승부 기록의 나열은 제한된 변수들만을 고려할 뿐이었으며, 실시간성과 맥락적 반영에서 구조적 한계를 드러냈다.

이러한 한계는 특히 현대 스포츠의 특성상 더욱 두드러진다. 오늘날의 프로스포츠는 과거와 비교할 수 없을 정도로 정교하고 복잡한 시스템이다. 감독의 전술은 더욱 세밀해졌고, 선수들의 신체적 조건은 과학적 훈련을 통해 극한으로 발달했으며, 경기 중에 일어나는 상황 변화의 속도는 기하급수적으로 빨라졌다. 이러한 환경에서 전통적 예측 방법론은 마치 망원경 없이 별을 관측하려는 것과 같은 한계를 보일 수밖에 없었다.

바로 이 지점에서 AI 기술이 혁명적 전환점을 제공한

다. AI는 인간의 인지적 한계를 뛰어넘어 많은 양의 데이터를 동시에 처리하고, 인간이 포착하기 어려운 미묘한 패턴을 발견하며, 실시간으로 변화하는 상황에 즉각적으로 적응할 수 있는 능력을 보유하고 있다. 더 중요한 것은 AI가 단순히 과거의 패턴을 반복 학습하는 데 그치지 않고, 새로운 상황에서의 창발적 가능성까지도 예측할 수 있다는 점이다.

스포츠 베팅 산업과 AI 예측 기술의 동반 성장

스포츠 베팅 산업은 이러한 예측 수요를 기반으로 빠르게 성장하고 있다. 특히 북미와 유럽에서는 베팅의 합법화와 함께 예측 기술의 정교화가 가속화되고 있으며, AI의 활용이 핵심으로 부상하고 있다. AI는 경기력과 관련된 수많은 비정형 데이터를 정제하고 통합하여 실시간으로 분석한다. 이를 통해 기존 방식으로는 포착하기 어려운 패턴을 학습하고, 궁극적으로 예측 정확도를 크게 향상시킨다.

특히 북미 지역에서는 2018년 연방대법원의 PASPA (Professional and Amateur Sports Protection Act) 폐지 결정 이후 베팅의 합법화가 급속도로 확산하였으며, 유럽에서는 이미 성숙한 베팅 시장을 기반으로 기술 혁신이 가속화되고 있다. 이러한 시장 환경의 변화는 단순히 규제 완화의 결과가 아니라, AI 기술의 발전과 궤를 같이 하는 상호 촉진적 현상으로 이해해야 한다.

AI 기술의 도입은 스포츠 베팅 산업에 질적 변화를 가져왔다. 과거의 베팅은 주로 경험 많은 전문가들의 직관이나 제한된 통계 정보에 의존했다면, 현재는 경기력과 관련된 수천 개의 비정형 데이터를 실시간으로 정제하고 통합하여 분석하는 고도화된 시스템으로 전환되었다. 이러한 기술적 혁신은 베팅의 정확성을 높이는 동시에, 베팅 참여자들에게 더 풍부하고 신뢰할 만한 정보를 제공함으로써 시장의 투명성과 공정성을 증진시키고 있다.

AI 예측 시스템이 처리하는 데이터의 범위와 깊이는 전통적 방식과 비교할 때 차원이 다르다. 선수의 실시간 생체 정보, 경기 중 심리적 압박 지수, 팀 내 커뮤니케이션 패턴, 관중의 응원 강도, 미세한 기상 변화, 심지어 소셜 미디어에서의 여론 동향까지도 예측 모델에 반영된다. 이러한 다차원적 접근은 기존 방식으로는 포착하기 어려웠던 숨겨진 패턴과 상관관계를 발견하게 하며, 궁극적으로 예측 정확도의 비약적 향상을 가능하게 한다.

특히 주목할 만한 변화는 실시간 적응성의 확보다. 전통적 예측 모델이 경기 시작 전 고정된 정보에 기반했다면, AI 기반 시스템은 경기가 진행되는 동안에도 지속적으로 새로운 정보를 학습하고 예측을 업데이트한다. 이는 '마이크로 베팅(Micro Betting)'이라는 새로운 시장 영역을 창출했으며, 베팅 참여자들은 경기 중 매 순간의 변화에 따라 전략적 선택을 할 수 있게 되었다. 이러한 실시간성과 적응성을 갖춘 점에서 AI는 스포츠 예측의 새로운 표준이 되고 있으며, 전통적인 통계 기반 방식과는 비교할 수 없는 경쟁 우위를 제공하고 있다.

AI 기반 예측 기술의 다면적 진화와 응용 사례

AI 기반 경기 예측 시스템의 기술적 기반은 머신러닝과 딥러닝의 정교한 결합에 있다. 이러한 기술적 진보는 단순히 알고리즘의 개선에 그치지 않고, 데이터 수집, 전처리, 모델 훈련, 결과 해석에 이르는 전 과정에서 혁신적 변화를 가져왔다. 특히 최근에는 전이 학습(Transfer Learning), 앙상블 기법(Ensemble Methods), 신경 구조 탐색(Neural Architecture Search) 등의 고급 기법들이 스포츠 예측에 적극적으로 도입되면서 예측 성능의 한계를 지속적으로 확장하고 있다.

국내 스포츠 분석 연구 분야에서도 이러한 기술적 진보가 뚜렷하게 나타나고 있다. 최근 몇 년간 인공지능을 활용하여 단일 경기 결과 예측은 물론 시즌 전체의 최종 순위까지 예측하는 연구가 급격히 증가하고 있다(김필수, 2023; 김필수 · 이상현, 2023a, 2023b, 2023c; 김필수 외, 2025). 이러한 연구의 특징은 종목의 경계를 넘어 농구, 축구, 골프, 경륜 · 경정 등 다양한 스포츠 영역으로 확산하고 있다는 점이다(김필수 외, 2024a; 2024c; 2024d; 2024e; 2025b; 2025c; 2025d). 각각의 종목마다 고유한 특성과 변수들이 존재하지만, AI 기술의 유연성과 적응성을 통해 종목별 최적화된 예측 모델을 구축할 수 있게 되었다.

국내에서 이 분야를 선도하고 있는 한국스포츠경영전략연구원의 연구는 딥러닝 알고리즘의 실질적 적용 가능성을 입증하는 중요한 사례다(김필수 · 이상현, 2023c). KLPGA 선수들의 컷 통과 여부를 예측하기 위해 다양한 딥러닝 모델을 비교 검증했으며, 특히 CNN(Convolutional Neural Network) 기반 모델이 탁월한 성능을 보임을 확인했다. 이 연구의 의미는 단순히 기술적 성과에 그치지 않는다. 골프라는 개인 종목에서 선수의 미래 성과를 예측한다는 것은 날씨, 코스 조건, 심리적 상태, 기술적 컨디션 등의 수많은 불확실 요소를 종합적으로 고려해야 하는 극도로 복잡한 작업이다. 인공지능 모델이 이러한 복잡성을 성공적으로 처리했다는 것은 AI 예측 기술의 정교함과 실용성을 동시에 보여 주는 성과다.

프리미어리그를 대상으로 한 또 다른 국내 연구 역시 주목할 만한 통찰을 제공한다(김필수 외, 2023). 이 연구에서는 경기 당 슈팅 수, 유효 슈팅, 점유율 등의 지표가 승패 예측에 높은 기여도를 보이는 것으로 나타났는데, 이는 축구라는 스포츠의 본질적 특성을 AI가 정확하게 파악했음을 의미한다. 더 흥미로운 점은 이러한 지표들이 단순한 개별 통계가 아니라 상호 연관성을 가진 복합적 시스템으로 작동한다는 것을 AI가 학습했다는 사실이다. 예를 들어, 높은 점유율이 반드시 승리로 이어지지 않지만, 유효 슈팅과 결합할 때는 승률을 크게 높인다는 미묘한 관계를 AI가 포착해 낸 것이다.

글로벌 AI 예측 플랫폼의 혁신적 발전

해외에서는 이미 대규모 AI 예측 플랫폼들이 스포츠 산업의 판도를 바꾸고 있다. NCAA 토너먼트에서는 Google Cloud가 파이널 포(4) 기간 동안 예측 분석을 실시간 시각화로 공개하고(예: 하프타임 TV · 디지털 보드에 승리 확률과 핵심 변수 표시), 데이터 파이프라인 · 모델 학습 과정을 사례로 제시하며 예측 기술의 대중화를 이끌었다(Blacker, 2018). 또한 Kaggle 'March Madness'

공모전을 통해 공식 데이터세트와 평가 방식을 공개하고, 전 세계 참가자들이 다양한 머신러닝 · 딥러닝 모델을 경쟁적으로 제출하도록 함으로써, 예측 과정의 투명성과 교육적 가치를 동시에 확장했다. 참가자들은 모델의 입력 변수와 성능을 공유하고 토론하며, 예측 근거를 해석 가능한 형태로 제시해 '블랙박스'가 아닌, 이해 가능한 AI 예측 틀을 확산시켰다(Schmidt, 2018).

Google Cloud의 FIFA 월드컵 2022 예측 프로젝트는 또 다른 차원의 혁신을 보여 주었다. Google은 참가국들의 승률을 머신러닝 기법으로 분석하여 시각적으로 매력적인 형태로 공개했으며, 이를 통해 팬들에게는 흥미로운 콘텐츠를, 기업들에는 가치 있는 마케팅 데이터를 동시에 제공했다. 이 프로젝트의 혁신성은 기술적 정교함뿐만 아니라 대중 접근성과 상업적 활용성을 균형 있게 달성했다는 점에 있다. AI 예측이 더는 전문가들만의 영역이 아니라, 일반 팬들도 쉽게 이해하고 활용할 수 있는 대중적 도구로 발전했음을 보여 준 사례다.

실시간 데이터 처리 분야에서는 Sportradar와 Stats Perform 같은 전문 기업들이 선도적 역할을 하고 있다. Sportradar는 테니스 경기에서 선수의 샷 위치, 움직임 패턴, 심지어 표정 변화까지 분석하여 실시간 점수 확률을 제공한다. 이러한 시스템의 정교함은 단순히 과거 데이터의 축적과 분석을 넘어, 경기가 진행되는 매 순간의 미세한 변화까지 포착하여 예측에 반영한다는 점에 있다. Stats Perform은 더욱 광범위한 접근을 취하여 전 세계 수십 개 리그의 실시간 데이터를 수집 · 분석하고, 이를 베팅 플랫폼과 스포츠 미디어에 API 형태로 제공한다. 이러한 B2B 모델의 확산은 AI 예측 기술이 단일 기업의 경쟁 우위를 넘어 산업 전체의 인프라로 발전하고 있음을 보여 준다.

베팅 플랫폼 자체의 진화도 주목할 만하다. DraftKings와 FanDuel 같은 선도 기업들은 자체 개발한 AI 알고리즘을 통해 실시간 배당률과 승률을 동적으로 조정하며, 경기 중에 발생하는 개별 이벤트에 기반한 '마이크로 베팅' 기능을 제공한다. 이는 베팅의 개념을 근본적으로 바꾸는 혁신이다. 과거의 베팅이 경기 시작 전 결과를 예측하는 정적인 활동이었다면, 현재는 경기가 진행되는 동안 매 순간의 변화에 반응하는 동적인 상호작용으로 진화했다. 이러한 변화는 베팅 참여자들에게 더 다양한 전략적 선택지를 제공하는 동시에, AI 기술의 실시간 처리 능력을 최대한 활용하는 새로운 비즈니스 모델을 창출하고 있다.

국내 AI 예측 산업의 성장과 혁신 동력

국내 스포츠 AI 예측 분야에서 가장 주목받는 성공 사례는 국민체육진흥공단의 용역 과제로 한국스포츠경영전략연구원이 국내 최초로 개발한 경륜 · 경정 승자 예측 솔루션인 'AI Pick' 서비스다. 이 시스템은 경륜 · 경정이라는 독특한 스포츠 영역에서 AI 기술의 실용성과 상업적 가능성을 동시에 입증한 혁신적 모델이다. AI Pick의 핵심 기술은 과거 출주표, 선수 능력 지수, 트랙 상태, 기상 조건, 심지어 선수의 최근 컨디션 변화까지 포함한 다차원적 데이터를 머신러닝 알고리즘으로 통합 분석하여 순위 예측을 제공하는 것이다(김은애 · 박성래, 2025; 김필수 외, 2025a; 이상현 · 김필수, 2025; 이상현 외, 2024).

AI Pick의 혁신성은 단순한 기술적 우수성을 넘어 사용자 경험의 혁신에 있다. 전통적인 경륜 · 경정 예측이 전문가들의 경험과 직감에 크게 의존했다면, AI Pick은 일반 베팅 참여자들도 과학적 근거에 기반한 예측 정보에 접근할 수 있도록 했다. 특히, 모바일 친화적 인터페이스와 직관적 시각화를 통해 복잡한 AI 분석 결과를 이해하기 쉬운 형태로 제시함으로써, 기술의 민주화를 실현했다는 평가를 받는다. 이러한 접근성의 개선은 경륜과 경정 팬들의 적극적 참여를 유도하는 동시에, AI 기술에 대한 대중적 신뢰 구축에도 기여하고 있다.

더욱 중요한 것은 AI Pick이 단순한 예측 도구를 넘어 스포츠 콘텐츠의 새로운 소비 패러다임을 제시했다는 점이다. 사용자들은 AI의 예측을 맹목적으로 따르는 것이 아니라, 예측의 근거와 논리를 이해하고 자신만의 전략을 수립하는 능동적 참여자가 되었다. 이는 AI와 인간의 관계를 경쟁이 아닌 협업의 관점에서 재정의하는 중요한 선례가 되고 있다.

프로야구 분야에서도 AI 예측 기술의 활용이 급속히 확산하고 있다. MBC 스포츠플러스, SPOTV 등 주요 방송사들은 경기 전 AI 예측 데이터를 시각적으로 매력적인 형태로 가공하여 팬들에게 제공하며, 중계의 몰입도와 정보성을 동시에 향상하고 있다. 이러한 방송 콘텐츠의 진화는 단순한 기술 도입을 넘어, 스포츠 미디어 소비 패턴의 근본적 변화를 반영한다. 이제 팬들은 수동적 관람자가 아니라, 데이터와 예측에 기반한 적극적 분석자로서 경기에 참여하고 있다.

우리나라의 대표적 AI 스포츠 예측 기업인 DataPlay Labs의 접근 방식은 특히 주목할 만하다. 이 회사는 KBO, NBA, KBL, V-리그 등 다양한 리그의 경기 데이터를 분석하여 예측 콘텐츠를 제공하는 동시에, 지속적인 학술 연구를 통해 예측 모델의 신뢰성을 검증하고 있다. 이들의 연구 결과를 학술 논문으로 발표하는 것은 단순한 홍보 효과를 넘어, AI 예측 기술의 과학적 엄밀성을 확보하려는 노력의 일환이다. 이러한 학술적 검증과 상업적 응용의 결합은 AI 예측 기술의 산업적 상용화 가능성을 뒷받침하는 중요한 기반이 되고 있다.

스포츠 산업 생태계의 전략적 변화와 혁신 동력

AI 예측 시스템의 영향력은 베팅 산업의 경계를 넘어 스포츠 산업 전반으로 확산하고 있다. 방송, 해설, 전략 수립, 팬 참여 증진 등 다양한 분야에서 AI 기술이 핵심적 역할을 담당하고 있으며, 이는 산업 생태계 자체의 구조적 변화를 이끌고 있다. 특히 미국의 ESPN과 영국의 Sky Sports 같은 글로벌 스포츠 미디어 기업들은 중계 화면에 '예상 득점(Expected Goals, xG)', '승부 확률 변화', '다음 골 발생 가능성' 등을 실시간으로 시각화하여 제공함으로써 팬 경험을 질적으로 높이고 있다.

이러한 변화는 단순한 기술적 부가 서비스가 아니라, 스포츠 콘텐츠 소비 패러다임의 근본적 전환을 의미한다. 과거의 스포츠 관람이 감정적 몰입과 직관적 즐거움에 의존했다면, 현재는 데이터 기반의 이해와 분석적 사고가 관람 경험의 중요한 구성 요소가 되었다. 팬들은 경기를 보면서 동시에 AI가 제공하는 다양한 통계와 예측을 통해 경기의 흐름을 더 깊이 이해하고, 미래 전개를 예상하며, 자신만의 분석적 관점을 형성한다. 이는 스포츠 관람을 수동적 소비에서 능동적 참여로 전환시키는 중요한 변화다.

프로스포츠 구단들의 전략 수립 과정에서도 AI 예측 기술이 필수적 도구로 자리 잡고 있다. 이탈리아의 AS 로마는 AI 예측 엔진을 활용하여 상대 팀 분석뿐만 아니라 자기 팀 선수들의 부상 위험도를 사전에 평가하고, 이에 기반하여 로테이션을 조정하는 정교한 전략을 운영하고 있다. 이러한 접근은 단순히 경기 승리를 위한 전술적 선택을 넘어, 선수 자산 보호와 시즌 전체의 지속 가능한 관리라는 장기적 관점에서의 최적화를 추구한다.

잉글랜드의 리버풀 FC는 더 나아가 특정 선수 기용 시 예상되는 득점 기댓값을 실시간으로 계산하여 교체 전략에 반영하고 있다. 이는 감독의 직관적 판단을 과학적 데이터로 보완하는 동시에, 경기 중에 발생하는 상황 변화에 더 정확하고 신속하게 대응할 수 있게 해 준다. 특히 주목할 점은 이러한 AI 기반 의사 결정 지원이 감독의 권한을 제한하는 것이 아니라, 오히려 더 정교하고 근거

있는 전략적 선택을 가능하게 한다는 것이다.

팬 참여 플랫폼에서의 AI 활용도 혁신적 발전을 보이고 있다. 일본 J리그의 팬 챌린지 시스템은 단순한 예측 게임을 넘어 AI와 인간의 예측 능력을 비교 검증하는 흥미로운 실험 무대가 되고 있다. 우리나라에서는 한국스포츠경영전략연구원의 'AI Pick' 서비스의 상용화 성공을 계기로, 국내 프로야구나 프로축구에서도 유사한 AI 예측 시스템 도입이 논의되고 있다. 특히 구단 마케팅 부서에서는 팬 커뮤니티 운영과 SNS 콘텐츠 제작에 AI 예측 데이터를 활용하여 스포츠에 대한 흥미를 제고하고 있다. 이러한 예측 데이터는 종종 '오늘의 승부 예측'이나 'AI가 본 승부처' 등으로 활용되어, 팬과의 소통을 강화하는 수단으로 쓰인다.

이렇듯 팬들은 자신의 예측과 AI의 분석 결과를 비교하면서 스포츠에 대한 이해를 깊이 있게 발전시킬 수 있으며, 동시에 AI 기술의 가능성과 한계를 직접 체험할 수 있다. 이러한 쌍방향적 상호작용은 팬 몰입도를 높이는 동시에 AI 예측 시스템의 신뢰성과 투명성을 검증하는 중요한 피드백 메커니즘 역할을 한다.

미래 기술과 현재 과제의 교차점

AI 예측 기술의 발전 방향은 기술적 정교화와 윤리적 성숙이라는 두 축을 중심으로 전개될 것으로 전망된다. 기술적 측면에서는 강화 학습(Reinforcement Learning), 몬테카를로 시뮬레이션(Monte Carlo Simulation), 엣지 AI(Edge AI) 등의 첨단 기법들이 스포츠 예측에 본격적으로 적용되면서 실시간 전략 제안, 맞춤형 콘텐츠 생성, 사전 시나리오 기반 의사 결정 지원 등이 현실화될 것이다.

특히 주목할 만한 발전 영역은 시계열 데이터와 공간 정보가 복합적으로 작용하는 스포츠 데이터의 특성을 고려한 특화 모델들의 등장이다. Transformer 기반 예측 모델은 경기 중에 발생하는 연속적 사건들의 복잡한 의존 관계를 더욱 정교하게 포착할 수 있을 것으로 기대된다. 이러한 기술적 진보는 단순히 예측 정확도의 향상을 넘어, 스포츠 경기의 역동적 특성을 더 깊이 있게 이해하고 모형화할 새로운 가능성을 열어줄 것이다.

그러나 기술적 발전과 함께 설명 가능한 AI(Explainable AI, XAI)의 중요성도 더욱 커지고 있다. SHAP(SHapley Additive exPlanations), LIME(Local Interpretable Model-agnostic Explanations) 같은 기법들은 사용자가 AI의 예

측 결과뿐만 아니라 그 판단의 논리적 근거까지 이해할 수 있도록 돕는다. 이는 특히 스포츠 베팅 분야에서 결과에 따른 재정적 손실이 발생할 수 있는 상황에서 예측 시스템의 투명성과 신뢰성을 확보하는 핵심 요소다.

XAI의 도입은 기술적 필요성을 넘어 사회적 책임의 차원에서도 중요하다. AI 예측 시스템이 사회에 미치는 영향력이 커질수록, 그 작동 원리와 의사 결정 과정에 대한 투명성 확보는 기술 개발자와 서비스 제공자의 윤리적 의무가 된다. 특히 스포츠라는 대중적 관심사에 AI 기술이 개입하는 만큼, 일반 시민들도 이해할 수 있는 수준에서의 설명 가능성 확보가 필수적이다.

윤리적 도전과 사회적 책임의 새로운 차원

AI 예측 기술의 확산과 함께 새로운 차원의 윤리적 · 사회적 쟁점들이 부상하고 있다. 예측 실패 시의 책임 소재, 알고리즘 편향성의 문제, 개인 데이터 보호, 도박 중독 조장 가능성 등은 단순한 기술적 이슈를 넘어 사회 전체가 해결해야 할 복합적 과제들이다. 이러한 문제들은 특히 공공기관이나 언론사가 AI 예측 정보를 활용할 때 더욱 신중한 접근을 요구한다.

공공성과 중립성의 원칙은 AI 예측 기술의 사회적 활

용에서 핵심적 가치로 자리 잡아야 한다. 공공기관이 스포츠 예측 정보를 제공할 때는 상업적 이익이나 특정 집단의 이해관계보다는 시민의 알 권리와 건전한 스포츠 문화 발전을 우선해야 한다. 이를 위해서는 명확한 규범적 기준과 투명한 거버넌스 체계의 구축이 필수적이다.

알고리즘 편향성의 문제는 더욱 미묘하면서도 근본적인 도전을 제기한다. AI 모델이 과거 데이터에 기반하여 학습되는 특성상, 역사적으로 존재했던 불평등이나 편견이 알고리즘에 내재될 위험이 있다. 예를 들어, 특정 지역이나 인종의 선수들에 대한 과거의 편견이 데이터에 반영되어 있다면, AI 모델은 이러한 편견을 학습하고 재생산할 수 있다. 이는 스포츠의 공정성이라는 근본적 가치와 직접적으로 충돌하는 심각한 문제다.

사회 문화적 함의와 미래 전망

AI 예측 기술의 발전이 스포츠 산업과 사회에 미치는 영향은 기술적 효율성의 차원을 넘어 문화적·사회적 의미의 영역까지 확장되고 있다. 김필수 외(2024b)의 연구는 이러한 복합적 영향을 체계적으로 분석한 중요한 성과다. 이들의 연구는 KLPGA 투어를 대상으로 한 AI 기반 경기력 예측 모델이 단순한 성능 비교나 기술적 우수성 입증을 넘어, 스포츠 산업 전반의 권력 구조와 가치 체계에 근본적 변화를 가져올 수 있음을 실증적으로 보여 준다.

첫 번째 주요 함의는 선수 정체성과 자아 개념에 대한 영향이다. AI 예측 시스템이 선수의 능력과 미래 성과를 수치화하여 제시할 때, 이는 선수 개인의 자아 인식과 사회적 평가에 복잡한 영향을 미친다. 높은 예측 점수를 받은 선수는 자신감과 기대감을 얻을 수 있지만, 동시에 과도한 압박감을 경험할 수도 있다. 반대로 낮은 예측 점수를 받은 선수는 동기 부여의 기회로 활용할 수도 있지만, 자신감 저하나 사회적 낙인의 위험에 노출될 수도 있다. 이러한 심리적 · 사회적 영향은 선수의 실제 경기력에도 피드백 효과를 미쳐 예측의 자기실현적 예언(Self-fulfilling Prophecy) 현상을 야기할 수 있다.

둘째, 스포츠 시장의 경쟁 구조 변화다. AI 예측이 선수 평가와 계약 협상의 핵심 도구로 자리 잡으면서, 성과 중심의 평가가 더욱 강화되고 선수 시장의 경쟁이 심화할 가능성이 크다. 이는 한편으로는 객관적이고 공정한 평가 체계의 구축에 이바지할 수 있지만, 다른 한편으로는 기존의 강자와 약자 간 격차를 더욱 확대할 위험도 내포한다. 특히 AI 모델이 과거 데이터에 기반하여 학습되는 특성상, 이미 우수한 성과를 거둔 선수들의 데이터가 모델 훈련에 더 많이 활용되어 기존 엘리트의 지위를 더욱 공고히 할 가능성이 있다.

세 번째이자 가장 중요한 함의는 기술의 사회적 수용성과 문화적 적응 과정이다. AI 예측 기술의 성공적 정착은 단순히 기술적 완성도에 의해서만 결정되지 않는다. 팬들, 언론, 스포츠 관계자들이 이 기술을 어떻게 이해하고 해석하며 활용하는지가 궁극적으로 기술의 사회적 가치를 결정한다. 이는 기술 결정론적 접근을 넘어, 기술과 사회의 상호작용적 관계를 고려한 통합적 관점의 필요성을 시사한다.

결론적으로, AI 기반 스포츠 예측 기술은 단순한 도구적 혁신을 넘어 스포츠 문화와 사회 구조 전반에 걸친 패러다임 변화의 촉매 역할을 하고 있다. 이러한 변화는 기술적 진보의 긍정적 효과를 극대화하는 동시에, 새로운 사회적 위험과 윤리적 도전에 적절히 대응하는 균형 잡힌 접근을 요구한다. 미래의 AI 예측 기술 발전은 기술적 정교화와 사회적 책임의 조화, 효율성과 공정성의 균형, 혁신과 전통의 창조적 융합이라는 복합적 과제를 해결해 나가는 과정이 될 것이다.

참고문헌

김은애·박성래(2025). “인공지능을 활용한 데이터분석 및 예측으로 스포츠의 본질에 집중하며 성장하다: 김필수 한국스포츠 경영전략연구원 원장”. 《월간인물》, 125, 104~105쪽.

김필수(2023). “딥러닝 및 머신러닝 알고리즘을 활용한 한국프로농구 경기결과 예측과 스포츠토토 베팅 적용”. 《한국체육학회지》, 62(5), 341~363쪽.

김필수·이상현(2023a). “머신러닝을 활용한 한국프로농구 정규리그 최종 순위 예측: 스포츠 애널리틱스 관점”. 《한국체육측정평가학회지》, 25(2), 103~115쪽.

김필수·이상현(2023b). “빅데이터 분석을 적용한 한국프로농구 리그 정규시즌 경기결과의 머신러닝 분류모형 예측성능 비교에 관한 연구”. 《한국체육학회지》, 62(2), 263~277쪽.

김필수·이상현(2023c). “AI 머신러닝 알고리즘을 적용한 한국여자프로골프(KLPGA) 선수의 상위 10위 이내 진입 여부 예측: 스포츠 애널리틱스 관점”. 《한국스포츠산업경영학회지》, 28(4), 51~66쪽.

김필수 외(2023). “영국 프리미어리그 경기데이터 기반 머신러닝을 활용한 경기결과 예측 및 분류모형의 예측 성능 비교”. 《한국체육학회지》, 62(4), 337~353쪽.

김필수 외(2024a). “머신러닝 알고리즘을 활용한 한국프로축구 경기결과 예측: 2020~2023시즌 K리그 경기데이터 활용”. 《디지털콘텐츠학회논문지》, 25(4), 1027~1037쪽.

김필수 외(2024b). “머신러닝 알고리즘 적용 KLPGA 선수 경기력 예측이 스포츠 산업에 미치는 사회학적 함의”. 《한국스포츠사회학회지》, 37, 122~145쪽.

김필수 외(2024c). “머신러닝 적용 경륜 경주 순위 및 베팅방식별 결과 예측에 관한 연구”. 《서비스경영학회지》, 24(2), 157~192쪽.

김필수 외(2024d). "엘로평점 시스템과 머신러닝 알고리즘을 적용한 선행적 한국프로축구 경기 결과 예측 및 분류모형 성능평가". 《디지털콘텐츠학회논문지》, 25(3), 719~732쪽.
김필수 외(2024e). "인공지능 알고리즘을 적용한 한국프로야구 경기결과의 선행적 예측". 《한국체육학회지》, 63(4), 461~477쪽.
김필수 외(2025a). "인공지능 기반 스포츠 경기 결과 예측 서비스가 스포츠베팅 산업에 미치는 영향: 국민체육진흥공단 경륜· 경정 AI Pick 의 사례". 《상품학연구》, 43(2), 165~175쪽.
김필수 외(2025b). "인공지능 알고리즘 적용 한국프로농구 정규리그 경기 결과 예측". 《한국융합과학회지》, 14(2), 121~143쪽.
김필수 외(2025c). "한국프로농구 경기 결과 예측을 위한 인공지능 모델 개발 및 효용성검증: 자원기반이론 및 직무 요구-자원 이론의 통합적 적용". 《한국체육학회지》, 64(3), 421~440쪽.
김필수 외(2025d). "한국프로야구 경기결과 예측을 위한 머신러닝 성능 비교와 스포츠 팬 몰입(fan engagement) 함의에 관한 탐색적 연구". 《한국체육학회지》, 64(2), 205~222쪽.
이상현·김필수(2025). "스포츠 AI 예측 서비스의 산업적 효과에 관한 실증분석". 《콘텐츠와산업》, 7(4), 303~310쪽.
이상현 외(2024). "경륜 경주 데이터를 활용한 스포츠베팅 매출 결정요인 연구". 《한국융합과학회지》, 13(12), 89~110쪽.
Blacker, C.(2018.3.30). Tip off: how we're using predictive analytics during the Final Four. Google-The Keyword. https://blog.google/products/google-cloud/how-were-using-predictive-analytics-during-final-four/
Schmidt, E.(2018.3.12). One Shining AI Moment: when machine learning meets your bracket. Google-The Keyword. https://blog.google/technology/ai/one-shining-ai-moment-when-machine-learning-meets-your-bracket/

07
스포츠 비즈니스 수익 모델 혁신과 최적화

AI와 디지털 혁신이 주도하는 현대 스포츠 산업에서 수익 구조의 혁신은 더는 선택이 아닌 필수 생존 전략이다. 기존의 정적 티켓 가격, 중계권료, 그리고 스폰서십 중심의 수익 모델은 다변화된 팬 경험과 실시간 데이터 분석 능력을 기반으로 완전히 새롭게 재편되고 있다. 데이터 기반의 의사 결정은 팬 개개인의 행동 패턴과 구매 선호는 물론 감정 상태까지 정밀 분석하여 맞춤형 서비스를 제공함으로써, 스포츠 비즈니스의 수익 극대화를 촉진한다.

AI와 애니메이션?

입장권 판매의 혁신: AI 기반 가변 가격 책정

전통적인 스포츠 경기 관람권 가격 책정은 시즌 시작 전 고정 가격을 설정하고 이를 유지하는 정적 모델에 의존해 왔다. 이러한 방식은 시장 상황 변화에 대응하지 못하고, 인기 경기에서는 암표 시장을 활성화하지만, 비인기 경기에서는 빈 좌석을 양산하는 문제를 초래했다. 더욱 근본적인 문제는 팬의 지불 용의 가격(willingness to pay)과 실제 경기관람권 가격 간의 불일치였다. 인기 경기의 경우 팬들은 고정 가격보다 훨씬 높은 가격에 구매할 의향이 있었지만, 구단은 이러한 추가 수익 기회를 포착하지 못했다.

AI 기반 가변 가격 책정(Dynamic Pricing)의 도입은 이러한 구조적 한계를 근본적으로 해결하는 혁신적 접근법이다. 이 시스템은 경기 일정, 팀 성적, 날씨, 좌석 위치, 상대 팀 인기도, 과거 구매 패턴 등 수십 가지 변수를 실시간으로 분석하여 입장권 가격을 탄력적으로 조정한다. 이는 단순한 가격 변동을 넘어서, 수요와 공급의 역학 관계를 정밀하게 매칭시켜 경기 관람권 수익과 좌석 점유율을 동시에 극대화하는 정교한 전략이다.

항공 업계에서 검증된 수익 관리(Revenue Management) 개념을 스포츠 산업에 적용한 이 혁신은 시장 효율성을 크게 높였다. 팬들은 자신의 구매력과 선호도에 맞는 다양한 가격대 옵션을 받게 되었고, 구단은 각 경기의 고유한 특성을 반영한 최적화된 수익을 창출할 수 있게 되었다.

글로벌 스포츠 조직의 다이내믹 프라이싱 성공 사례

다이내믹 프라이싱 분야의 선구자 역할을 한 MLB의 샌디에이고 파드리스의 사례는 스포츠 산업 전반에 미친 파급 효과를 보여 준다. 2009년 Qcue의 가격 알고리즘을 최초로 도입한 파드리스는 경기 일정, 좌석별 예매 속도, 상대 팀 인기도, 기상 예보, 과거 관중 동원력 등을 종합적으로 분석하여 실시간 가격 조정을 실행했다. 이러한 접근은 티켓 판매 초기의 얼리버드 할인부터 경기 당일의 프리미엄 가격까지 팬의 구매 시점을 전략적으로 유도하는 정교한 시스템을 구축했다. 이러한 시도는 스포츠 구단들의 수익 증가와 함께 좌석 점유율의 안정화를 이뤄냈다(Shapiro & Drayer, 2014). 이는 단순한 매출 증대를 넘어 팬 경험의 질적 향상과 경기장 분위기 개선이라는 부수적 효과를 창출했다. 파드리스의 성공 모델은 이후 MLB 전체로 확산되어 현재 거의 모든 팀이 유사한 시스템을 운영하고 있다.

분데스리가는 AWS와 협력해 경기 중 실시간으로 생성되는 'Match Facts: xGoals'를 도입했다. 이 시스템은 슈팅 위치 · 각도 · 수비 압박 등 맥락 변수를 머신러닝으로 통합해 득점 기대값을 산출하고, 이를 중계 화면과 모바일 앱에 동기화하여 팬이 "지금 이 장면의 의미"를 즉시 이해하게 만든다. 실시간 인사이트의 제공은 체류 시간과 상호작용을 끌어올려 스폰서 노출 자산과 디지털 유료 상품의 가치를 동시에 증대시키며, 경기 · 선수 · 대진 매력도에 대한 수요 신호를 정교하게 포착해 이후의 가격 전략 · 프로모션 의사 결정까지 선순환을 만든다(Amazon Web Services, 2020).

독일 분데스리가의 RB 라이프치히는 기술적으로 가장 정교한 시스템을 운영하고 있다. Prophet과 XGBoost 기반의 시계열 예측 모형을 결합한 이들의 시스템은 좌석별 수요 탄력성을 미시적으로 예측하고, 시간대별로 차별화된 할인율을 적용한다. 특히 비정기 경기나 특이한 시간대의 경기에서도 85% 이상의 예측 정확도를 유지하며, 이는 수익 최적화 전략 수립에 결정적인 기여도를 높이고 있다(Bandara et al., 2020).

기술적 아키텍처와 구현 방법론

현대의 다이내믹 프라이싱 시스템은 다양한 머신러닝 기법의 정교한 조합으로 구현된다. 시계열 분석을 위해서는 LSTM(Long Short-Term Memory) 네트워크와 Prophet 알고리즘이 주로 사용되며, 이는 과거 판매 패턴에서 계절성과 트렌드를 추출하여 미래 수요를 예측한다. 회귀 분석에서는 Ridge와 Lasso 정규화 기법이 변수 선택과 과적합 방지에 활용되며, 앙상블 모델로는 Random Forest와 LightGBM이 복잡한 비선형 관계를 포착하는 데 사용된다(Drayer et al., 2012; Sweeting, 2012).

이러한 알고리즘들은 POS(Point of Sale) 시스템, CRM(Customer Relationship Management) 데이터베이스, 실시간 기상 정보, 미디어 노출 지표, 소셜 미디어 트렌드 분석 등 다양한 데이터 소스와 통합되어 운영된다. 특히 실시간 처리 능력이 중요한데, 이를 위해 Apache Kafka와 같은 스트리밍 플랫폼과 Redis 같은 인메모리 데이터베이스가 활용된다.

국내 스포츠 시장에서도 이러한 혁신이 확산되고 있다. 일부 프로야구단과 K리그 구단들이 AI 기반 가격 책정 시스템을 단계적으로 도입하고 있으며, 팬 구매 시점별 할인, 경기 전 맞춤형 알림 기반의 모바일 티켓 전략 등을 통해 한국 시장의 특성에 맞는 실험적 접근을 시도하고 있다. 이러한 시도들은 향후 국내 스포츠 산업의 수익성 향상과 팬 경험 개선에 중요한 기반이 될 것으로 예상된다.

시장 세분화와 가격 차별화 전략

AI 기반 다이내믹 프라이싱의 진정한 혁신은 시장 세분화(Market Segmentation)의 정교함에 있다. 전통적인 인구통계학적 세분화를 넘어서, 행동 기반 세분화(Behavioral Segmentation)가 가능해진 것이다. AI 시스템은 개별 팬의 과거 구매 이력, 좌석 선호도, 구매 타이밍, 가격 민감도, 동반 관람자 수 등을 종합적으로 분석하여 개인별 맞춤형 가격을 제시할 수 있다.

이러한 접근법은 소비자 잉여(Consumer Surplus)를 최대한 포착하면서도 팬들에게는 자신의 지불 의향에 맞는 적절한 옵션을 제공하는 윈-윈 전략이다. 예를 들어, 가격에 민감한 학생 팬에게는 조기 할인 티켓을, 편의성을 중시하는 비즈니스 고객에게는 프리미엄 패키지를 각각 최적화된 타이밍에 제안할 수 있다.

또한 경쟁 환경 분석도 중요한 요소다. AI 시스템은

동일 지역의 다른 스포츠 팀, 문화 행사, 심지어 날씨에 따른 대체 활동들의 가격과 가용성을 실시간으로 모니터링하여 경쟁력 있는 가격 책정 전략을 수립한다. 이는 스포츠 팀이 더 넓은 엔터테인먼트 시장에서의 자신의 포지션을 정확히 파악하고 대응할 수 있게 해준다.

팬 구매 패턴 분석과 개인화 마케팅 전략

현대 스포츠 마케팅의 핵심은 팬을 단일한 집단으로 보는 매스 마케팅에서 벗어나 개별 팬의 고유한 특성과 선호도를 이해하는 개인화 마케팅으로의 전환이다(최준규 외, 2022; 최준서 외, 2023). AI 기술은 팬의 소비 데이터, 소셜 미디어 반응, 굿즈 구매 이력, 좌석 선호도, 경기장 내 행동 패턴 등 방대한 데이터를 통합 분석하여 각 팬의 디지털 DNA를 구성한다. 이러한 데이터 기반 인사이트는 개인화 마케팅의 핵심 자원이 되어, AI가 팬 맞춤형 콘텐츠, 최적 커뮤니케이션 채널, 구매 유도 시점 등을 자동으로 설정할 수 있게 한다.

이 과정에서 가장 중요한 것은 팬 생애 가치(Customer Lifetime Value, CLV)의 정확한 측정이다. 전통적인 일회성 구매 분석을 넘어서, AI는 팬의 장기적 가치를 예측하고 이에 따른 차별화된 마케팅 투자를 실행한다. 높은

CLV를 가진 팬에게는 VIP 경험과 독점 혜택을, 잠재적 이탈 위험이 큰 팬에게는 맞춤형 리텐션 전략을 각각 적용한다. 이러한 전략적 접근은 마케팅 예산의 효율성을 극대화하면서 팬 충성도를 체계적으로 강화한다.

글로벌 스포츠 조직의 개인화 마케팅 혁신 사례

AI 기반 개인화 마케팅의 효과는 학술적으로도 뒷받침된다. 기존 연구에 따르면, 개인화 메시지의 콘텐츠 · 타이밍 · 채널 조합이 성과를 좌우한다는 점을 실증했다. 스포츠 맥락에 적용하면, 팬별 구매 주기 · 좌석 선호 · 소셜 반응을 바탕으로, 경기 전/후 적절한 순간에(예: 연패 시 위로 · 격려 톤, 승리 직후 축하 · 하이라이트 톤) 이메일 · 앱 푸시 · SNS 등 최적 채널로 전달할수록 클릭 · 전환 · 재방문이 유의하게 높아질 수 있다. 즉, '누구에게 어떤 메시지를 언제 어디서 보낼 것인가'를 정교하게 맞추는 것이 티켓 업셀 · 굿즈 추천 · 콘텐츠 소비 확대의 핵심 레버로 작동한다. 이처럼 AI는 감정 맥락과 채널 적합도를 함께 최적화하여 팬 만족도와 장기 충성도를 체계적으로 끌어올리는 도구가 된다(Bleier & Eisenbeiss, 2015).

일본의 요미우리 자이언츠는 LINE 플랫폼을 기반으로 한 실시간 맞춤형 메시지 시스템에서 아시아 시장의 특성을 반영한 혁신적 접근을 보여 준다. 이 시스템은 경기 당일 기상 상황, 특별 이벤트 정보, 선수 출전 및 컨디션 정보, 교통 상황 등을 팬의 거주 지역과 과거 행동 패턴에 맞춰 개인화하여 전달한다. 팬의 열성도 지수에 따라 메시지 빈도와 콘텐츠 깊이를 차별화하여, 라이트 팬에게는 간결하고 흥미로운 정보를, 헤비 팬에게는 상세하고 전문적인 분석을 각각 제공한다. 이러한 세분된 접근은 클릭률과 응답률을 1.5배 이상 향상하는 성과를 거뒀다.

NFL 시애틀 시호크스는 특별한 날짜와 이벤트 기반 마케팅에서 AI의 창의적 활용을 보여 준다. 팬의 생일, 커뮤니티 참여 이력, 승리 경기 다음 날의 감정적 고조 상태 등을 분석하여 최적의 타이밍에 맞춤형 굿즈 할인과 독점 이벤트 초청을 자동 발송한다. 예를 들어, 시호크스가 라이벌 팀을 크게 이긴 다음 날 해당 경기를 관람한 팬들에게 승리 기념 한정판 상품의 특별 할인을 제공하는 식이다. 이러한 감정과 타이밍을 결합한 전략은 판매 전환율을 18% 이상 증가시키는 탁월한 성과를 보였다(Bleier & Eisenbeiss, 2015).

옴니채널 통합과 크로스 플랫폼 개인화

현대의 개인화 마케팅은 단일 채널을 넘어서 옴니채널(Omnichannel) 접근법이 필수다. 팬들은 모바일 앱, 웹사이트, 소셜 미디어, 이메일, SMS, 경기장 내 디지털 사이니지 등 다양한 터치 포인트를 통해 팀과 상호작용한다. AI 시스템은 이 모든 채널에서의 팬 행동을 실시간으로 추적하고 분석하여 일관되면서도 개인화된 경험을 제공한다.

특히 크로스 디바이스 추적(Cross-device Tracking) 기술은 팬이 스마트폰, 태블릿, 데스크톱, 스마트 TV 등 여러 기기를 사용하더라도 연속적인 개인화 경험을 보장한다. 예를 들어, 팬이 모바일에서 특정 선수의 정보를 검색했다면, 나중에 데스크톱으로 접속했을 때 해당 선수 관련 콘텐츠와 굿즈가 우선적으로 노출된다.

또한 실시간 개인화(Real-time Personalization)도 중요한 발전 방향이다. 팬이 웹사이트나 앱에 접속하는 순간 그의 현재 상황, 최근 행동, 예상 관심사를 즉시 분석하여 가장 관련성 높은 콘텐츠를 동적으로 생성한다. 이는 정적인 개인화를 넘어서 팬의 현재 상태와 의도에 맞는 능동적 서비스를 제공하는 차세대 마케팅 전략이다.

감정 분석과 예측적 개인화

AI 기반 개인화 마케팅의 최전선에서는 감정 분석(Sentiment Analysis)과 예측적 개인화(Predictive Personalization)가 주목받고 있다. 자연어 처리(NLP) 기술을 통해 팬의 소셜 미디어 포스팅, 댓글, 리뷰 등에서 감정 상태를 분석하고, 이를 기반으로 마케팅 메시지의 톤과 타이밍을 조정한다.

예를 들어, AI가 특정 팬의 최근 소셜 미디어 활동에서 팀 성적에 대한 실망감을 감지했다면, 해당 팬에게는 과거 영광의 순간을 회상시키는 콘텐츠나 미래에 대한 희망적 메시지를 전송한다. 반대로 팀 승리로 인한 흥분 상태가 감지된다면, 이 감정의 고조를 활용한 굿즈 구매나 다음 경기 티켓 예매를 유도하는 전략을 실행한다.

예측적 개인화는 한 단계 더 나아가 팬의 미래 행동을 예측하여 선제적 마케팅을 실행한다. 과거 패턴 분석을 통해 특정 팬이 언제 이탈할 가능성이 높은지, 언제 추가 구매를 할 확률이 높은지 등을 예측하고, 이에 맞춘 사전 개입을 실행한다. 이러한 예측적 접근은 마케팅 효율성을 극대화하면서 팬 관계 관리의 질적 향상을 동시에 달성한다.

AI 기반 팬 관리 및 운영 최적화 전략

21세기 스포츠 경기장은 단순한 관람 공간을 넘어서 첨단 기술이 집약된 스마트 스타디움으로 진화하고 있다. AI 기술은 경기장 내 팬의 이동 경로, 대기 시간, 서비스 이용 패턴, 만족도 지표 등을 실시간으로 분석하여 운영 효율성과 팬 경험을 동시에 개선하는 데 핵심적 역할을 담당한다. 이러한 통합적 접근은 경기장을 하나의 거대한 데이터 생성 플랫폼으로 활용하여 지속적인 서비스 개선과 수익 최적화를 가능하게 한다.

특히, 군중 역학(Crowd Dynamics) 분석은 안전성과 효율성을 동시에 향상하는 핵심 기술이다. 컴퓨터 비전과 IoT 센서를 통해 실시간으로 수집된 데이터를 AI가 분석하여 혼잡 지역의 사전 식별, 대기 시간 예측, 최적 이동 경로 안내 등을 자동화한다. 이는 팬의 편의성을 높이는 동시에 안전사고 위험을 최소화하고, 매점과 편의 시설의 수익성을 극대화하는 통합적 효과를 창출한다.

최근 스마트 스타디움 운영은 체류 동선과 소비 데이터를 실시간으로 수집 · 분석해 혼잡을 줄이고 매출 기회를 넓히는 방향으로 고도화되고 있다. 컴퓨터 비전 · 센서 융합 솔루션은 하프타임 전후의 매점 대기열을 실질적으로 완화하고, 결제 병목을 해소해 거래 처리량을 높이며, 상황에 따라 인력을 즉시 재배치할 수 있게 한다. 동시에 혼잡 구간을 우회하도록 안내하고, 구매 전환 가능성이 높은 팬에게 적시에 제안을 노출하는 등 운영과 커뮤니케이션을 한 번에 최적화한다. 그 결과 관람 경험의 마찰이 줄고 만족도는 올라가며, 매장 · 푸드 서비스의 수익성도 개선되는 선순환이 형성된다(Amazon Web Services, n.d.).

미국 MLB의 텍사스 레인저스는 머신러닝 기반 인력 운영 자동화 시스템을 통해 운영비 절감과 서비스 품질 향상을 동시에 달성했다. 이 시스템은 경기별 관중 예측치, 기상 조건, 특별 이벤트 유무, 과거 동일 조건에서의 운영 데이터 등을 종합 분석하여 최적의 인력 배치 계획을 수립한다. 특히 주목할 만한 것은 실시간 조정 능력이다. 경기 도중 예상보다 많은 관중이 특정 구역에 몰리거나, 갑작스러운 기상 변화가 발생하면 시스템이 자동으로 인력 재배치를 지시한다.

이러한 지능형 운영 시스템의 도입으로 레인저스는 운영 비용을 약 15% 절감하는 동시에 현장 민원 발생률을 60% 이상 감소시켰다. 더불어 직원들의 업무 효율성이 향상되고 고객 서비스 품질이 개선되어, 팬 만족도와 재방문 의향이 함께 상승하는 선순환 구조를 구축했다.

MLB LA 다저스는 Edge AI 기술을 활용한 실시간 팬 반응 분석에서 혁신적 접근을 보여 준다. 경기장 곳곳에 설치된 고성능 카메라와 마이크가 팬들의 시각적, 청각적 반응을 실시간으로 수집하고, 경기장 내에 구축된 Edge Computing 시스템이 이를 즉시 분석하여 응원 콘텐츠를 자동 조정한다. 예를 들어, AI가 관중석의 에너지 레벨이 낮다고 판단하면 대형 스크린에 흥미로운 통계나 과거 명장면을 자동으로 노출해 분위기를 고조시킨다.

이 시스템은 단순한 엔터테인먼트 제공을 넘어서 팬 참여도를 정량화하고 이를 마케팅 전략에 활용하는 데까지 확장된다. 실시간 참여 지표는 소셜 미디어 콘텐츠 생성, 하프타임 이벤트 기획, 다음 경기 프로모션 전략 등에 직접 반영되어, 데이터 기반의 통합적 팬 경험 관리 체계를 구축하고 있다.

AI 기반 운영 최적화의 또 다른 중요한 영역은 예측적 유지 보수(Predictive Maintenance)다. 경기장의 조명, 음향, 공조, 보안 시스템 등 핵심 인프라의 상태를 IoT 센서로 지속 모니터링하고, AI가 고장 가능성을 사전에 예측하여 예방적 조치를 취한다. 이는 경기 중 시설 고장으로 인한 중단 위험을 최소화하고, 유지 보수 비용을 최적화하며, 팬 안전을 보장하는 통합적 효과를 창출한다.

에너지 관리도 중요한 최적화 영역이다. AI 시스템은 경기 일정, 예상 관중 수, 기상 조건, 과거 에너지 사용 패턴 등을 분석하여 조명, 냉난방, 전광판 등의 에너지 소비를 최적화한다. 특히 경기가 없는 날의 시설 관리나 경기 중 사용하지 않는 구역의 에너지 절약 등을 자동화하여 운영비 절감과 환경 친화적 운영을 동시에 달성한다.

현대의 스마트 스타디움 운영은 개별 서비스의 최적화를 넘어서 팬의 전체 여정(Fan Journey)을 통합적으로 관리하는 방향으로 진화하고 있다. AI 시스템은 팬이 집을 나서는 순간부터 경기 관람을 마치고 귀가할 때까지의 모든 접촉점을 연결하여 최적화된 경험을 제공한다.

예를 들어, 팬이 모바일 앱으로 주차장을 예약하면 AI가 최적의 주차 위치를 추천하고, 입장 시 예상 대기 시간에 맞춰 출발 알림을 발송한다. 경기장 도착 후에는 개인 선호도에 맞는 매점 추천, 최적 화장실 안내, 굿즈 숍 할인 정보 등을 제공한다. 경기 종료 후에는 교통 혼잡을 피한 최적 귀가 경로와 대중교통 정보를 실시간으로 안내한다.

이러한 end-to-end 관리 접근법은 팬 만족도를 극대화하는 동시에 프로스포츠 구단으로서는 다양한 수익 기회를 창출한다. AI가 팬의 현재 위치, 시간, 예산, 선호도 등을 종합 분석하여 최적의 타이밍에 관련 서비스와 상품을 제안함으로써, 자연스러운 부대 수익 증대를 달성할 수 있다.

AI 수익화 전략의 미래와 과제

AI 기술은 개별적인 팬 경험 혁신을 넘어서, 스포츠 산업의 수익 모델을 구조적으로 변화시키는 강력한 도구로 자리매김하고 있다. 전통적인 티켓 판매, 방송권, 스폰서십, 굿즈 판매라는 분절된 수익원들이 AI를 통해 하나의 통합적 생태계로 연결되면서 시너지 효과를 창출하고 있다. 이러한 변화의 핵심은 데이터 중심의 의사 결정과 실시간 최적화 능력에 있다.

특히 주목할 만한 변화는 수익원 간의 경계가 모호해지면서 새로운 하이브리드 모델들이 등장하고 있다는 점이다. 예를 들어, AI 분석을 통해 특정 팬 그룹의 선호도를 파악하고, 이를 기반으로 맞춤형 스폰서십 패키지를 개발하거나 개인화된 굿즈 추천과 티켓 업그레이드를 결합한 번들 상품을 제안하는 것이 가능해졌다. 이는 단순한 매출 증대를 넘어서 팬 생애 가치(Customer Lifetime Value)의 체계적 관리를 통한 지속 가능한 성장 모델을 구축하는 것이다.

AI 수익화 전략이 안정적으로 확산하기 위해서는 무엇보다 설명 가능성(Explainability)이 확보되어야 한다. 특히 팬 이탈 위험이 큰 집단을 식별하거나 개인별 최적 가격을 제시할 때, 그 판단 근거가 명확하게 설명되어야 마케팅 전략으로의 실질적 전환이 가능하다. 단순히 "AI가 추천했다"는 수준을 넘어서, 이탈 가능성의 주요 원인(콘텐츠 무관심, 가격 민감도, 경기 성적에 대한 실망 등)을 구체적으로 해석할 수 있어야 한다(Arrieta et al., 2020).

이러한 설명 가능성은 마케팅 담당자들이 AI 결과를 신뢰하고 효과적으로 활용할 수 있게 할 뿐만 아니라, 팬들에게도 개인화 서비스의 근거를 투명하게 제시함으로써 신뢰 관계를 구축하는 데 기여할 수 있다(김필수 외, 2024). 특히 가격 차별화나 개인화 추천에서는 공정성에 대한 인식이 중요하므로, XAI를 통한 투명성 확보가 필수적이다.

AI 기반 수익화 전략의 지속 가능성을 위해서는 데이터 윤리와 개인정보 보호 문제에 대한 체계적 접근이 필수적이다. 팬의 소비 이력, 위치 정보, 소셜 미디어 반응, 생체 정보 등은 모두 민감한 개인정보에 해당하며, 이러한 데이터의 수집, 저장, 처리, 활용 전 과정에서 엄격한 윤리 기준과 법적 규정을 준수해야 한다.

유럽의 GDPR(General Data Protection Regulation)과 국내의 개인정보보호법 등 관련 법규는 지속적으로 강화되고 있으며, 스포츠 조직들은 이에 부합하는 데이터 거버넌스 체계를 구축해야 한다. 특히 동의 관리(Consent Management), 데이터 최소화(Data Minimization), 목적 제한(Purpose Limitation), 저장 기간 제한(Storage Limitation) 등의 원칙을 AI 시스템 설계 단계부터 반영해야 한다(Taddeo & Floridi, 2018).

또한 알고리즘 편향(Algorithmic Bias) 문제도 중요한 고려 사항이다. AI 모델이 특정 인구 집단에 대해 불공정한 대우를 하거나, 기존 사회의 편견을 재생산하지 않도록 지속적인 모니터링과 보정이 필요하다. 예를 들어, 나이, 성별, 소득 수준, 거주 지역 등에 따른 차별이 발생하지 않도록 공정성 지표를 정기적으로 점검하고, 필요할 때 모델을 재훈련해야 한다.

AI 수익화 전략의 궁극적 목표는 단기적 매출 증가가 아니라 장기적 브랜드 자산 구축과 지속 가능한 팬 커뮤니티 형성이어야 한다. 이를 위해서는 팬 행동 데이터를 기반으로 브랜드에 대한 감정적 유대를 형성하고, 팬들의 자발적인 콘텐츠 확산과 구전 마케팅을 촉진하는 구조를 마련하는 것이 핵심이다.

Community-Driven Value Creation 모델에서는 팬들이 단순한 소비자가 아닌 브랜드 가치 창출의 능동적 참여자가 된다. AI는 팬들의 창의적 활동(팬 아트, 응원 영상, 분석 콘텐츠 등)을 식별하고 이를 공식적으로 인정하며 보상하는 시스템을 구축할 수 있다. 이러한 접근은 팬들의 참여도와 소속감을 높이는 동시에, 브랜드 콘텐츠의 양적 · 질적 확장을 가져온다.

또한 AI는 팬 커뮤니티 내의 인플루언서와 오피니언 리더를 식별하여 이들을 중심으로 한 유기적 마케팅 전략을 수립할 수 있다. 전통적인 유료 광고보다 훨씬 높은 신뢰도와 전환율을 보이는 이러한 커뮤니티 기반 마케팅은 비용 효율성과 효과성을 동시에 달성하는 차세대 전략이다.

참고문헌

김필수 외(2024). "머신러닝 알고리즘 적용 KLPGA 선수 경기력 예측이 스포츠 산업에 미치는 사회학적 함의". 《한국스포츠사회학회》, 37(특별호), 122~145쪽.

김필수 외(2025). "인공지능 기반 스포츠 경기 결과 예측 서비스가 스포츠 베팅 산업에 미치는 영향: 국민체육진흥공단 경륜·경정

AI Pick의 사례". 《상품학연구》, 43(2), 165~175쪽.
최준규 외(2022). "친환경 가치관이 프로스포츠 그린마케팅과 관람만족에 미치는 영향: MZ세대 소비자를 중심으로". 《한국스포츠산업경영학회지》, 27(6), 1~15쪽.
최준서 외(2023). "MZ 세대의 친환경 가치관이 소비의향에 미치는 영향". 《한국사회체육학회지》, 94, 137~155쪽.
Amazon Web Services(n.d.). Sports, entertainment, and events — Just Walk Out.
https://aws.amazon.com/just-walk-out/sports-and-entertainment/
Amazon Web Services(2020.6.26). The tech behind the Bundesliga Match Facts xGoals: How machine learning is driving data-driven insights in soccer.
https://aws.amazon.com/blogs/machine-learning/the-tech-behind-the-bundesliga-match-facts-xgoals-how-machine-learning-is-driving-data-driven-insights-in-soccer/
Arrieta, A. B. et al.(2020). Explainable Artificial Intelligence (XAI): Concepts, taxonomies, opportunities and challenges toward responsible AI. *Information Fusion, 58*, pp.82~115.
Bandara, K. et al.(2020). Forecasting across time series databases using recurrent neural networks on groups of similar series: A clustering approach. *Expert systems with applications, 140*, 112896. https://doi.org/10.1016/j.eswa.2019.112896
Bleier, A. & Eisenbeiss, M.(2015). Personalized online advertising effectiveness: The interplay of what, when, and where. *Marketing Science, 34*(5), pp.669~688.
Drayer, J. et al.(2012). Dynamic ticket pricing in sports. *Sport Marketing Quarterly, 21*(3), pp.184~194.
https://www.researchgate.net/publication/264865050_Dyn

amic_Ticket_Pricing_in_Sports

Shapiro, S. L., & Drayer, J.(2014). An examination of dynamic ticket pricing and secondary market price determinants in Major League Baseball. *Sport Management Review, 17*(2), pp.145~159. https://doi.org/10.1016/j.smr.2013.05.002

Sweeting, A.(2012). Dynamic pricing behavior in perishable goods markets: Evidence from the secondary market for Major League Baseball tickets. *Journal of Economic Behavior & Organization, 81*(2), pp.517~536. https://www.journals.uchicago.edu/doi/abs/10.1086/669254

Taddeo, M. & Floridi, L.(2018). How AI can be a force for good. *Science, 361*(6404), pp.751~752. https://doi.org/10.1126/science.aat5991

08
데이터 분석이 바꾸는 팬 커뮤니케이션

스포츠 산업은 본질에서 경기장에서 이루어지는 승부만으로 설명되지 않는다. 팬과의 관계, 그들의 열정과 몰입, 그리고 구단과 리그의 관리 능력이 산업 전체의 가치와 지속 가능성을 결정한다. 소셜 미디어와 디지털 플랫폼의 등장으로 AI와 데이터 분석은 스포츠 커뮤니케이션을 혁신하는 도구로 부상했다. 단순히 메시지를 전송하는 것을 넘어, 팬의 감정을 실시간으로 감지하고, 여론의 방향을 정밀하게 분석하며, 나아가 위기 상황에서 대응 전략을 선제적으로 설계할 수 있도록 한다.

AI와 인재 채용?

위기 커뮤니케이션의 전략적 전환: AI 기반 메시지 분석

스포츠 조직은 크고 작은 위기 상황에 직면한다. 선수의 일탈 행위, 심판 판정 논란, 구단 재정 문제, 성적 부진, 혹은 사회적 이슈와의 충돌까지 위기는 다양한 형태로 나타난다. 과거에는 사건 발생 후 기자 회견과 사과문을 통해 상황을 수습하는 방식이 일반적이었다. 그러나 디지털 시대의 팬은 더는 단순한 설명을 받아들이지 않는다(김필수 외, 2024). 그들은 트위터, 인스타그램, 온라인 커뮤니티를 통해 실시간으로 반응하며, 조직의 메시지가 진정성을 담고 있는지를 날카롭게 평가한다.

스포츠 조직이 직면하는 위기 상황은 다양하다. 선수의 불미스러운 일탈, 구단 운영의 불투명성, 특정 경기 판정 논란, 심지어 정치적 · 사회적 이슈와의 연계까지 복합적 양상으로 나타난다. 과거에는 이러한 사건 발생 후 언론 대응팀이 보도 자료를 내고, 사과문을 발표하며 상황을 수습하는 방식이 일반적이었다. 그러나 오늘날의 팬은 이 같은 단순 대응을 신뢰하지 않는다. 그들은 SNS를 통해 실시간으로 반응하고, 사건의 진실을 끊임없이 파헤치며, 조직의 메시지가 진정성을 담고 있는지 평가한다.

AI는 이러한 상황에서 정밀한 여론 분석 도구로 기능한다. 한국프로농구 리그의 사례는 이를 잘 보여 준다. 음주 운전과 같은 비윤리적인 사건이 발생한 이후 팬들의 SNS 반응을 토픽 모델링과 감성 분석으로 정량화한 결과, 단순한 사실 전달보다 감성적 공감을 담은 메시지가 더 긍정적인 반응을 유도했다는 사실이 확인되었다(이상현 · 김필수, 2023). 이는 위기 상황에서 데이터 분석이 단순한 사후 평가가 아니라, 실시간 대응 전략의 핵심 근거로 작용할 수 있음을 보여 준다.

해외 사례도 주목할 만하다. 해외 현장에서는 부상 예방 원리를 팬 커뮤니케이션에 직접 연결하는 흐름이 뚜렷하다. 핵심은 "왜 로테이션 · 결장 · 출전 시간 관리가 필요한가"를 과학적 근거로 풀어 설명하는 것이다. 예컨대 Gabbett(2017)는 단기 · 장기 훈련 부하의 불균형이 부상 위험을 급증시킨다는 점('스마트하면서도 하드하게' 훈련해야 한다는 역설)을 정리하며, 특정 임계 수준을 넘는 급격한 부하 증가는 위험 신호임을 보여 준다. 여러 구단은 이 프레임을 활용해 경기 전후 안내문 · SNS Q&A · 감성 분석에 따른 FAQ에서 "금일 결장의 의학적/데이터 기반 이유", "후반 교체의 로드 관리 목적"을 시각화 지표와 함께 투명하게 제시한다. 이렇게 검증된 스포츠 의학 근거를 메시지에 삽입하면, 팬 반발(예: '왜 스타 선수가 쉬나')을 완화하고 신뢰를 높이는 효과가 확인된다. 위기 · 잡음 국면에서도 AI가 탐지한 여론 포인트에 맞춰 부하 · 회복 데이터의 해석을 전면에 배치하면 메시지의 설득력이 커진다.

프로스포츠 구단들은 트위터 데이터에서 팬 감정을 실시간으로 추정해 '감성 지수'를 만들고, 위기 이후 메시지의 강도와 톤을 이 지수의 추세에 맞춰 조정한다. 지수가 특정 임계치 아래로 떨어지면 긍정적 스토리텔링과 선수-팬 직접 소통 프로그램을 증강하고, 회복 국면에서는 공감형 메시지와 하이라이트 콘텐츠 배포를 확대하는 식이다. 트위터 감성은 팀 성과 · 뉴스 사이클과 유의하게 연동되며 의사 결정 지표로 활용 가능하다는 점이 실증적으로 보고되어 있다(Watanabe et al., 2016)

국내 프로야구의 한화 이글스 사례도 있다. 위기 초기에 AI 기반 여론 분석으로 팬들의 기대치를 정량화하고, 대응 메시지를 수정함으로써 위기 회복 속도를 가속했다. 이처럼 AI는 정서적 수용 가능성을 예측하고, 최적의 메시지를 설계하는 전략 커뮤니케이션 도구로 진화하고 있다. 다만, 문화적 편향과 알고리즘 정확성, 그리고 자동화 메시지의 진정성 문제는 여전히 풀어야 할 숙제다.

팬 참여의 데이터 기반 진화:
맞춤형 소통과 몰입 전략

이제 스포츠팬은 하나의 동질적 집단이라고 규정할 수 없다. 개인의 선호, 행동 패턴, 소비 습관이 모두 다른 '다층적 존재'다. AI는 팬의 티켓 구매 기록, 굿즈 소비, 경기장 내 이동 패턴, SNS 활동을 정밀 분석하여 팬을 세분화한다. 이는 곧 맞춤형 경험 설계로 이어진다.

AI가 만들어 내는 또 다른 혁신은 맞춤형 팬 경험이다. 이제 팬은 하나의 동질적 집단이 아니라, 성향과 행동 패턴이 뚜렷이 구분되는 다양한 세그먼트로 존재한다. AI는 팬 구매 이력, 경기장 내 이동 패턴, 굿즈 소비, SNS 반응을 종합 분석하여 개인별 특성을 정교하게 분류한다.

MLB 텍사스 레인저스는 이러한 분석을 통해 팬을 유형별로 그룹화하고, 각 그룹에 맞는 콘텐츠와 혜택을 자동 제공하고 있다. 충성도가 높은 팬에게는 경기 전 VIP 이벤트 초청과 독점 콘텐츠를 제공하고, 일회성 관람 팬에게는 다음 경기 할인권과 간단한 경기 요약을 전달하는 식이다. 그 결과 팬 충성도가 강화되고, 재구매율이 눈에 띄게 상승했다.

국내 LG 트윈스는 AI 챗봇을 도입해 경기 전후 상황에 맞춘 정서적 메시지를 전달하고 있다. 예컨대 경기 패배 직후에는 위로와 응원의 메시지를, 승리 후에는 하이라이트 영상과 축하 콘텐츠를 제공함으로써, 팬이 느끼는 감정적 맥락을 존중하는 맞춤형 소통을 실현했다. 이는 단순히 정보를 제공하는 것을 넘어, 팬의 감정을 공감하고 반영하는 정서적 커뮤니케이션으로 진화한 사례라 할 수 있다.

레알 마드리드는 클라우드 기반 데이터 플랫폼과 모바일 앱/CRM을 연동해 팬의 접속 시간대, 선호 선수·콘텐츠 유형, 경기 일정 등 디지털 상호작용 데이터를 통합 관리한다. 이를 통해 팬마다 맞춤 하이라이트, 알림, 경기-전후 콘텐츠를 개인화해 제공하고, 경기장 밖에서도 지속적인 참여를 유도한다. 마이크로소프트와의 협력으로 구축된 이 디지털 팬 플랫폼은 약 4억5000만 명에 이르는 글로벌 팬과의 접점을 확장하며, 콘텐츠 배포의 효율과 재방문을 동시에 끌어올린 사례로 평가된다(Microsoft, 2015).

이외에도 일본 요코하마 DeNA 베이스타즈는 AI 스피커와 음성 데이터를 결합하여 팬이 특정 선수를 언급하면 인터뷰, 경기 영상, 응원가를 자동 추천한다. 일부 유럽 리그에서는 경기 중 팬의 표정을 분석해 감정 점수를 산출하고, 이를 경기장 디스플레이에 반영하는 시범 운영을 하고 있다. 이는 팬의 비언어적 감정 피드백까지 데이터화하여 커뮤니케이션에 반영하는 새로운 국면이 열린 것이다. 이러한 기술은 개인화된 경기 경험을 넘어, 팬의 정서 흐름에 따른 경기장 분위기 조절이라는 새로운 응용 가능성을 제시한다.

공정성 인식과 조직 신뢰 회복: AI 기반 담론 분석

공정성과 투명성은 스포츠 조직의 핵심 가치로, 팬과 사회의 신뢰 기반 형성에 결정적이다. 최근 대한축구협회와 정몽규 회장을 대상으로 한 연구에서는 온라인 담론 분석을 통해, 특정 사건 이후 공정성에 대한 인식이 확산할수록 국민 지지율도 함께 변동한다는 사실이 입증되었다(이상현 외, 2025).

미국 NCAA는 징계, 판정 논란, 재정 문제와 관련한 담론을 AI로 수집 · 분석하여 대학별 '공정성 지수'를 산출한다(Reuters, 2025). 이 지수는 리크루팅 전략, 대학 홍보, 팬 캠페인의 기초 자료로 활용된다. MLB 또한 휴스턴 애스트로스의 사인 훔치기 스캔들 이후, 공정성에 대한 팬들의 신뢰 수준을 AI로 관찰하며, 일정 기준 이하로 하락하면 즉시 PR 메시지를 조정한다(USA Today, 2022).

미국 NCAA는 징계, 불공정 판정, 재정 문제에 관한 담론을 AI로 수집하고, 대학별 공정성 지수를 산출하고 있다(Inside Higher Ed, 2023). 이 지수는 리크루팅 전략과 대학 홍보 전략 수립의 핵심 기준이 된다. 텍스트 마이닝 기법의 하나인 감성 분석과 네트워크 중심성 분석이 결합하여 일정 기간 내 반복 출현하는 비판 키워드를 중심으로 위험 지수를 산출한다. 담론의 영향력을 정량화한다.

이러한 시스템은 단순한 여론 모니터링을 넘어, 담론의 구조와 영향력을 정량화하고, 이에 따라 조직의 메시지를 조율하는 전략적 커뮤니케이션 체계로 진화하고 있다. 다만 담론 분석이 정치적, 사회적 맥락과 결합하면 편향 가능성이 존재하므로, 분석 결과의 투명성과 검증 체계 역시 병행되어야 한다.

인터랙티브 커뮤니케이션과 윤리적 고려

AI는 이제 단순한 분석 도구를 넘어, 실질적 커뮤니케이션 주체로 진화하고 있다. 일본의 한 프로야구 구단은 선수의 말투와 어조를 학습한 AI 아바타를 팬 미팅에 활용하여, 실제 질의응답까지 수행할 수 있게 했다(The

Japanese Times, 2020). 네덜란드의 AFC 아약스는 AI 기반 프레스 브리핑 시스템을 실험하여, 팬 감성 예측 모듈과 언어 생성 알고리즘을 결합해 팬 반응 지표를 25% 이상 향상했다(Financial Times, 2024). 이 시스템은 언어 생성 모델과 전환 분석 알고리즘을 결합하여, 실제 기자 회견 수준의 상호작용을 구현한다.

그러나 이러한 시도는 윤리적 논란을 불러일으킨다. 첫째, 팬 데이터를 과도하게 학습에 활용할 경우 프라이버시 침해 가능성이 크다. 둘째, 특정 의견이나 감정을 과대 대표하는 알고리즘 편향이 발생할 수 있다. 셋째, AI가 생성한 메시지가 인간 홍보 담당자의 메시지와 혼합될 경우, 책임 소재의 불명확성이 초래될 수 있다.

AI가 조직의 커뮤니케이션을 지원하는 도구를 넘어서 '스포크스 퍼슨(spokesperson)'의 역할을 일부 대체하려는 현상은 스포츠 조직의 정체성, 팬과의 신뢰, 커뮤니케이션 윤리를 새롭게 정의해야 함을 시사한다. 따라서 향후 스포츠 조직에서 AI 기반 팬 커뮤니케이션을 확산하기 위해서는, 기술적 혁신뿐 아니라 거버넌스와 윤리적 기준이 병행되어야 한다. 투명성, 인간 중심성, 데이터 보호 원칙을 확보하는 체계가 마련될 때, AI는 단순한 기술이 아니라 팬과 구단 간 신뢰를 재구축하는 도구로 자리매김할 수 있을 것이다.

참고문헌

김필수 외(2024). "대한민국 축구 국가대표팀 외국인 감독의 위기와 대응: 한국인 스타 코치 선임의약한 유대 효과성". 《한국융합과학회지》, 13(3), 115~141쪽.

이상현·김필수(2023). "비윤리적 사건에 대응하는 프로스포츠팀의 전략: 사안의 속성에 따른 커뮤니케이션 패턴". 《체육과학연구》, 34(1), 131~143쪽.

이상현 외(2023). "음주운전에 대한 대중의 인식 변화에 따른 프로스포츠팀의 커뮤니케이션 전략: 한국프로농구리그의 사례". 《한국스포츠사회학회지》, 36(1), 21~41쪽.

이상현 외(2025). "빅데이터 분석을 적용한 대한축구협회와 정몽규 회장의 공정성과 국민 지지 간의 관계에 관한 연구". 《한국사회체육학회지》, 99, 93~112쪽.

Gabbett, T. J.(2017). The training-injury prevention paradox: Should athletes be training smarter and harder?. *British Journal of Sports Medicine, 50*(5), pp.273~280. https://doi.org/10.1136/bjsports-2015-095788

Microsoft(2015.9.17). Real Madrid-Customer Solution Story (EN). Microsoft News Center. https://news.microsoft.com/de-de/pdf-real-madrid-customer-solution-story-en/

Financial Times(2024.3.12). Google DeepMind unveils AI football tactics coach honed with Liverpool. https://www.ft.com/content/e5a64dd3-7fe0-4db4-9f65-6f7517c2c573

Rashid, O.(2023.5.9). AI chatbot makes debut at post-match

press conference in Japan's Nippon Professional Baseball. Yahoo News.
https://news.yahoo.com/ai-chatbot-makes-debut-post-match-press-conference-in-japans-baseball-20230509

Reuters(2025.7.1). Premier League forms five-year AI partnership with Microsoft.
https://www.reuters.com/sports/soccer/premier-league-forms-five-year-ai-partnership-with-microsoft-2025-07-01/

The Japan Times(2020.7.11). Robot cheerleaders boost morale at Japanese baseball game.
https://www.japantimes.co.jp/sports/2020/07/11/baseball/japanese-robot-cheerleaders/

Watanabe, N. M. et al.(2016). Consumer sentiment for professional sport teams on Twitter. *Sport Management Review, 19*(2), pp.176~187.
https://doi.org/10.1016/j.smr.2015.03.002

USA Today(2022). MLB teams turn to AI to regain fan trust after scandal. https://www.usatoday.com

09
스포츠 데이터 거버넌스와 공공·산업 협력

디지털 혁신이 스포츠 생태계를 급진적으로 변화시키는 현시점에서, 스포츠 데이터는 기업과 정부, 그리고 산업 전체에 혁신의 토대를 제공하는 국가 경쟁력의 핵심 자산으로 자리 잡고 있다. 이 장에서는 고도화된 AI와 결합한 스포츠 데이터의 사회적 · 경제적 가치, 국가적 정책 패러다임의 변동, 공공과 민간의 창발적 협력 사례, 그리고 미래 스포츠 산업 발전을 위한 데이터 표준화와 전략적 기회들을 체계적으로 탐구한다.

AI와 기자?

디지털 전환 시대의 스포츠 데이터는 단순 경기 기록의 차원을 초월하여, 사회 인프라 · 문화 콘텐츠 · 건강 정책 · 경제 구조에 효과적으로 융합되는 복합 자산으로 재정의되고 있다. 과거 스포츠 데이터는 기록 보존과 경기력 분석에 국한되었지만, 오늘날에는 공공정책 기획, 산업 생태계의 혁신적 성장, 팬 경험의 개별화 및 시장 확장 등 다양한 전략적 영역에서 핵심 역할을 한다.

선진국들은 스포츠 데이터를 국가 데이터 전략의 핵심 요소로 편입하여, 민간 기업의 혁신성과 지역 스포츠 생태계 성장 동인을 제공하고 있다. 미국은 스포츠 데이터를 경제 활성화 및 정책 의사 결정 과정에 적극 활용하고 있으며(Bureau of Economic Analysis, 2024), 영국은 Sport England를 중심으로 AI 기반 분석을 정책 수립에 직접 반영한다(Sport England, 2022). 일본 역시 메타버스와 연계한 스포츠 데이터 공공사업을 추진하며, 실시간 소비자 행동 분석 시스템을 구축 중이다(일본 스포츠산업백서, 2023). 한국에서는 국민체육진흥공단이 '국가 스포츠 데이터 센터' 구축을 주도하면서 생활체육 데이터, 경기력 및 시설 이용 정보, 건강관리 데이터 등 다양한 지표를 통합 관리한다(문화체육관광부, 2023). 이러한 데이터 인프라는 개인 건강관리, 지역 예산 배분, 스포츠 소비 활성화에 기반한 정책 설계에도 광범위하게 활용되고 있다.

스포츠 데이터의 국가적 전략 활용은 다음과 같은 효과를 창출한다. 첫째, 스포츠 데이터는 정책 자산으로 재정의되며 정부 행정의 효율화와 혁신을 촉진한다. 둘째, 산업 생태계와 민간 기업은 데이터 접근성 강화로 기술 혁신과 비즈니스 모델 개발을 가속화할 수 있다. 셋째, 국민 건강, 복지, 의료, 보험 정책이 스포츠 데이터와 연동되어 부처 간 통합 데이터 정책으로 발전하며 이는 점차 현실화하고 있다.

특히 AI 기반 예측 · 이상 탐지 · 군집 분석 등 고급 분석 기법은 스포츠 데이터를 정적 기록에서 미래 전략으로 전환하는 핵심 동력이며, 팬 행동 패턴, 감성, 관람 습관 분석을 통해 데이터의 사회적 자산으로서의 위상이 더욱 도드라진다(Groll et al., 2019). 또한 팬 행동 분석, 감성 분석, 관람 패턴 예측 등을 통해 데이터의 활용 범위가 경기장 밖까지 확장되면서 스포츠 데이터의 '사회적 자산'적 성격이 더욱 드러나고 있다. 궁극적으로 스포츠 데이터는 경제, 건강, 문화, 공공 서비스 분야를 통섭하는 융합 자산으로 진화하고, 국가 경쟁력 강화를 위한 전략적 관리 체계가 필수적이다.

국민체육진흥공단과 한국스포츠경영전략연구원의 AI Pick

국내 스포츠 데이터 산업의 대표적인 공공-민간 협력 사례로는 국민체육진흥공단의 용역 과제로 한국스포츠경영전략연구원이 국내 최초로 개발한 경륜 · 경정 승자 예측 솔루션인 'AI Pick'이 있다(김은애 · 박성래, 2025; 김필수 외, 2025b; 이상현 · 김필수, 2025). 이는 공공데이터와 국민체육진흥공단이 보유한 방대한 경기 데이터를 연구기관이 체계적으로 분석하고, 이를 기반으로 사용자에게 경기 결과 예측 정보를 제공하는 시스템이다.

AI Pick은 단순히 승부 예측 정확도를 높이는 데 그치지 않고, 다음과 같은 디지털 혁신을 촉진하였다. 무엇보다 AI Pick의 혁신은 방대한 공공데이터를 AI 및 데이터 분석력이 탁월한 민간 기관이 전담하여, 복잡한 경기 외적 요인(날씨, 출발 위치, 체중 등)을 통제한 정량적 파워 랭킹 모델을 개발한다. 기존의 전통적인 감이나 정보지 예측 방식보다 일관성과 분석력이 뛰어난 정보를 일반 참여자에게 제공하여 전략적이고 신뢰도 높은 베팅 환경을 조성한다(김필수 외, 2023a; 2023b; 2025a; 2025b; 이상현 외, 2024).

둘째, AI의 예측 과정을 시각화하고 설명 가능한

AI(XAI)를 도입하여 베팅 참여자의 몰입도와 신뢰도를 극대화하며, 산업 전체의 참여 기반을 확장한다. 이는 공공기관이 스포츠 베팅 참여자들의 과도한 손해를 제한하면서도 산업 전체의 파이를 확대하려는 정책적 의지를 반영한 사례로 전략적 · 윤리적 협력 모델을 실현한다고 볼 수 있다.

이러한 공공-민간 협력 사례를 바탕으로, 공공데이터는 산업 경쟁력의 고도화, 베팅 참여자 안전망 확보, 디지털 혁신 등 다양한 사회적 · 경제적 효과를 창출한다. 나아가, 데이터의 활용 범위 확장과 표준화, AI의 설명 가능성 고도화 등은 미래 스포츠 데이터 거버넌스 정책의 핵심 의제임을 보여 준다.

스포츠 데이터 표준화와 통합 관리의 과제

스포츠 데이터의 산업적 활용과 AI 연구 진화의 필수조건은 데이터 품질과 호환성을 담보하는 표준화 작업이다. 실무적으로, 현재 스포츠 데이터는 종목 · 지역 · 기관별로 분절되어 수집 방식과 항목, 단위가 상이하여 통합적 활용에 한계가 많다.

글로벌 관점에서 스포츠를 포함한 엔터테인먼트 · 미디어 산업은 데이터가 핵심 수익 자산으로 재정의되면서, 스트리밍 확산과 디지털 광고의 고도화, 1st-party 데이터 전환, 개인정보 규제 대응에 맞춘 데이터 표준화와 상호 운용성 투자가 급증하고 있다. 이에 리그 · 클럽 · 플랫폼은 공통 API/데이터 파이프라인과 메타데이터 스키마 정비, 동의 관리 체계 등을 고도화해 개인화, 동적 가격, 광고 · 스폰서십 성과 측정 같은 비즈니스 모델 혁신을 뒷받침하고 있다(PwC, 2024).

국내에서는 국민체육진흥공단이 '국가 스포츠 데이터 플랫폼'을 추진하지만, 종목 간 연동성이나 실시간 활용 능력은 아직 미흡하다. 예컨대 프로야구, 생활체육, 학생체육 간에는 데이터 구조가 달라 상호 분석이나 연계 정책 설계가 어려운 실정이다. 또한 공공기관이 보유한 데이터와 민간 기업의 자체 수집 데이터 간의 연계 부족은 AI 학습 성능 저하로 이어지고, 결과적으로 예측 정확도나 사용자 경험의 질도 떨어뜨리는 문제로 이어진다. 이로 인해 상호 분석이나 연계 정책 설계, AI 학습 정확도, 사용자 경험 개선에 구조적 한계가 발생하고 있다.

이러한 과제를 해결하기 위해서는 세 가지 실천 전략이 필요하다. 첫째, 종목별 · 기관별 수집 항목의 정합성을 확보하기 위한 공통 메타데이터 표준 정립이 필요하다. 이를 위해 2024년부터 문화체육관광부 주도로 시범 추진 중인 '스포츠 통합 지표 개발 사업'은 유의미한 사례다. 둘째, 데이터 개방을 유도하기 위한 법적 · 제도적 기반 정비가 필요하다. GDPR처럼 정보 주체의 권리를 보호하면서도 공공 목적의 데이터 활용을 보장하는 프레임워크가 요구된다(Taddeo & Floridi, 2018). 셋째, 공공-민간-학계가 참여하는 '스포츠 데이터 거버넌스 협의체' 구성이 필요하다. 일본 스포츠청은 이와 유사한 방식으로 종단적 데이터를 통합 · 활용하고 있다.

스포츠 데이터 표준화는 단순 IT 문제가 아니라, 산업 신뢰성 · 비즈니스 모델 고도화, AI의 예측력 · 정당성 제고라는 전략적 인프라다. 국가 · 글로벌 표준화와 윤리 거버넌스, 설명 가능 AI의 확립은 스포츠 데이터 산업의 미래 경쟁력을 좌우한다.

AI 기반 스포츠 디지털 혁신의 미래

스포츠 산업의 디지털 혁신은 경기력 강화 차원을 넘어, 산업 구조 혁신, 팬 경험 고도화, 건강관리, 지역 경제 활성화 등 사회적 가치 창출로 확대되고 있다. 특히 AI는 전략적 데이터 활용과 비즈니스 모델 혁신의 중심축이다. 향후 스포츠 데이터 활용 전략은 다음 과정을 거치며 진화할 것으로 예상한다.

첫째, 팬 중심 데이터 생태계의 구축이다. 팬의 행동 · 소비 · SNS · 참여 기록을 AI로 분석해 맞춤형 콘텐츠 추천, 커뮤니티 강화, 개인화 마케팅, 동적 가격 전략 등으로 확장된다(Bleier & Eisenbeiss, 2015). 미국의 MLB는 팬의 온라인 활동을 기반으로 다이내믹 프라이싱(Dynamic Pricing) 시스템이 더욱 활성화되고 있으며, BA는 개인 맞춤형 하이라이트 영상을 자동 생성해 앱을 통해 제공하고 있다. 이는 팬과의 감정적 유대를 강화하고 브랜드 자산을 축적하는 데 기여도를 높이는 동인이 되고 있다.

둘째, 헬스케어와의 통합이다. 스포츠 참여 데이터와 건강 기록을 연계해 맞춤형 운동 처방, 질병 예방, 보험 상품 개발 등으로 발전한다. 서울특별시와 민간 병원이 협력해 개발한 '시민 헬스케어 앱'은 시민의 실시간 운동량 수집, 건강 등급 산출, 건강 포인트 보상을 통해 데이터 기반 공공 건강관리 모델을 제시하고 있다. 이러한 융합은 스포츠 데이터를 공공 건강관리 자산으로 전환하고 있다.

셋째, AI 기반 지능형 정책 설계의 확산이다. 지역별 체육 수요 분석, 시설 배치 최적화, 프로그램 효과 예측 등 정책 설계에 AI를 적극적으로 도입하며, 데이터 기반 의사 결정 패러다임으로 전환한다. 일본 오사카시의 AI

기반 시설 입지 추천 시스템은 정책의 속도와 정밀도를 극적으로 높이고 있다. 일본 오사카시는 인구 구조, 참여 이력, 이동 경로 데이터를 기반으로 AI가 자동으로 체육 시설의 신규 입지와 기능을 추천하는 시범 사업을 운영 중이다. 이는 과거 관료 중심 정책에서 데이터 기반 의사 결정으로의 패러다임 전환을 보여 준다.

이러한 흐름은 공공-민간 협력의 확대, 산업 자체의 디지털 전환 촉진, 사회적 파급 효과 강화로 이어질 수 있다. 팬 중심 가치와 정밀화된 공공 서비스, 지역 데이터 행정의 융합이 궁극적으로 스포츠를 국가 경제·사회 전략 산업으로 변모시키며, 디지털 리더십의 핵심으로 도약시킬 수 있을 것으로 전망된다.

참고문헌

김은애, 박성래(2025). "인공지능을 활용한 데이터분석 및 예측으로 스포츠의 본질에 집중하며 성장하다: 김필수 한국스포츠경영전략연구원 원장". 《월간인물》, 125, 104~105쪽.

김필수 외(2023a). "머신러닝 적용 경륜 경주 순위 및 베팅방식별 결과 예측에 관한 연구". 《서비스경영학회지》, 24(2), 157~192쪽.

김필수 외(2023b). "머신러닝을 적용한 경륜 경기 순위 예측 및 평가에 관한 연구: 2016~ 2022 년 출주표 정보 및 경주 결과 활용". 《한국스포츠산업경영학회지》, 28(2), 79~64쪽.

김필수 외(2025a). "경정 선수의 경기 효율성과 외부 자원의 역동이 성적에 미치는 영향". 《한국체육학회지》, 64(1), 215~229쪽.
김필수 외(2025b). "인공지능 기반 스포츠 경기 결과 예측 서비스가 스포츠 베팅 산업에 미치는 영향: 국민체육진흥공단 경륜·경정 AI Pick의 사례". 《상품학연구》, 43(2), 165~175쪽.
이상현·김필수(2025). "스포츠 AI 예측 서비스의 산업적 효과에 관한 실증분석". 《콘텐츠와산업》, 7(4), 303~310쪽.
이상현 외(2024). "경륜 경주 데이터를 활용한 스포츠베팅 매출 결정요인 연구". 《한국융합과학회지》, 13(12), 89~110쪽.
Bleier, A. & Eisenbeiss, M.(2015). Personalized online advertising effectiveness: The interplay of what, when, and where. *Marketing Science, 34*(5), pp.669~688. https://doi.org/10.1287/mksc.2015.0930
Bureau of Economic Analysis.(2024.11.20). Outdoor Recreation Satellite Account, U.S. and States, 2023 (PDF). https://www.bea.gov/sites/default/files/2024-11/orsa1124_0.pdf
Groll, A. et al.(2019). A hybrid random forest to predict soccer matches in international tournaments. *Journal of Quantitative Analysis in Sports, 15*(4), pp.271~287. https://doi.org/10.1515/jqas-2018-0060
PwC.(2024.7.16). Global Entertainment & Media Outlook 2024-2028(보도자료 개요 페이지). https://www.pwc.com/gx/en/news-room/press-releases/2024/pwc-global-entertainment-and-media-outlook-2024-28.html
Sport England(2022). Active Lives Adult Survey: November 2020 to November 2021 Report. https://www.sportengland.org/research-and-data/data/active-lives
Taddeo, M. & Floridi, L.(2018). How AI can be a force for good. *Science, 361*(6404), pp.751~752. https://doi.org/10.1126/science.aat5991

10

AI와 스포츠 애널리틱스의 미래

AI는 스포츠의 과학화를 넘어 산업 전반을 재편하는 핵심 동력이 되었다. 기술, 제도, 인간, 산업 확장의 네 축을 중심으로 스포츠 데이터 분석의 미래 방향성과 과제를 총체적으로 조망한다.

AI와 미래 의사?

기술 진화와 스포츠 데이터 분석의 지평 확대

지난 10여 년간 스포츠 산업을 관통한 가장 근본적 혁신은 인공지능(AI)의 도입이었다. 초기에는 경기 결과를 예측하거나 선수의 단편적인 기록을 보완하는 보조 도구로 활용되었지만, 이제 AI는 스포츠 현장의 모든 층위에 스며들며 산업 구조를 재편하는 핵심 동력으로 자리매김하고 있다. 머신러닝 기반 예측 모델은 선수의 플레이 패턴을 학습하고, 딥러닝 영상 분석은 인간의 눈으로는 포착할 수 없는 미세 움직임을 감지하며, 자연어 처리 기술은 SNS에 흐르는 팬들의 집단 정서를 읽어낸다. 이처럼 기술은 단순한 성과 향상을 넘어, 경기 준비와 운영, 팬 경험, 나아가 구단의 장기 전략에까지 새로운 패러다임을 창출할 것이다.

앞으로 AI의 진화는 멀티모달 데이터 융합을 가속할 것이다. 선수의 표정, 목소리, 호흡 리듬과 같은 비정형 신호는 기존 경기 기록과 결합하여 훨씬 정밀한 분석을 가능케 한다. 예컨대 컴퓨터 비전 기반의 비디오 분석은 선수의 미세한 신체 움직임을 포착하여 부상 예측이나 피로 누적 지표를 실시간으로 도출하는 데 활용될 수 있으며, 이는 팀의 컨디셔닝 전략에 결정적 영향을 미친다 (Mathis et al., 2018).

또한 디지털 트윈(Digital Twin) 기술의 도입은 가상 환경에서 선수와 팀의 전략을 시뮬레이션하고 사전 검증하는 방식을 가능하게 한다. 이로 인해 훈련 계획, 전술 배치, 심지어 시즌 운영 전략까지도 AI를 통해 최적화되는 흐름이 본격화될 것이다(Fuller et al., 2020). 더불어, 클라우드 컴퓨팅 및 엣지 컴퓨팅 기술의 발전은 스포츠 현장에서 발생하는 많은 양의 데이터를 실시간 처리하고, 팬들과의 상호작용을 즉시 분석하는 것을 가능케 할 전망이다(Satyanarayanan, 2017).

궁극적으로 이러한 기술 혁신은 결국 '데이터의 민주화'로 이어질 것이다. 과거에는 대규모 자본을 보유한 구단이나 연맹만이 고도화된 분석 기술을 활용할 수 있었다면, 향후 스몰마켓 팀이나 개별 선수도 SaaS 기반 분석 플랫폼을 통해 AI 분석 기능에 접근하게 될 것이다. 이는 스포츠 산업의 경쟁 환경을 보다 공정하고 창의적인 방향으로 전환할 수 있는 중요한 전환점이 될 것이다.

제도와 정책: 데이터 거버넌스와 공공성의 균형

기술적 진보가 아무리 가속화되더라도 이를 제도적으로 뒷받침하지 못한다면 지속 가능한 혁신은 불가능하다.

스포츠 데이터는 그 민감성과 공공성을 동시에 지닌다. 예를 들어, 선수의 체력 지표와 경기력 데이터는 공공 보건 정책에도 활용될 수 있지만, 동시에 민간 플랫폼에서는 상업적 광고 표적화나 스카우팅에 이용될 수 있다. 이중적 활용 가능성은 데이터 접근권, 목적의 투명성, 비식별화 처리의 표준화라는 문제를 불가피하게 제기한다 (Taddeo & Floridi, 2018).

스포츠 데이터 분석의 발전을 위한 기술적 기반이 마련되었더라도, 제도와 정책이 이를 뒷받침하지 못한다면 지속가능한 발전은 어렵다. 특히 데이터의 수집, 관리, 활용에서 개인정보 보호, 공정한 접근, 데이터 표준화 등 다양한 제도적 과제가 병존하고 있다. 우선, 스포츠 데이터의 공공성과 민간 활용 간의 균형 문제는 향후 가장 민감한 쟁점이 될 것으로 보인다.

예를 들어, 경기력 데이터나 체력 측정 정보는 공공의 건강 및 정책 수립에 활용될 수 있지만, 동시에 상업적 플랫폼에서 선수 스카우팅, 팬 타기팅 등으로도 활용되며 어긋나는 이해관계를 발생시킬 수 있다. 이에 따라 데이터 접근 권한, 이용 목적의 투명성, 비식별화 처리 기준 등의 세부적인 가이드라인이 정비되어야 하며, 이는 스포츠 특화 데이터 윤리 기준 마련으로 이어져야 한다

(Taddeo & Floridi, 2018).

또한 국가 차원에서 스포츠 데이터 거버넌스 체계가 반드시 정립되어야 한다. 현재 우리나라는 국민체육진흥공단, 대한체육회, 지자체 등이 각각 데이터를 관리하지만 상호 연계성은 낮으며, 종목별, 기관별로 데이터 수집 방식과 관리 체계가 분절되어 있어 통합적 정책 수립에 어려움이 있다. 예를 들어, 국민체육진흥공단이 보유한 생활체육 참여 데이터, 대한체육회 산하 종목 단체가 관리하는 선수 경기 기록, 지방자치단체가 축적하는 체육 시설 이용 패턴 등이 연동되지 않고 병렬적으로 존재하고 있다. 이러한 분절성을 극복하기 위해서는 '국가 스포츠 데이터 센터'와 같은 통합 조정 기구가 필요하다. 여기서는 표준화된 메타데이터 체계, 데이터 공유 API, 민관 협력 가이드라인을 마련해야 할 것이다(문화체육관광부, 2024).

또한 글로벌 차원에서도 스포츠 데이터는 새로운 '데이터 외교'의 자산이 되고 있으며 국제적 협력도 중요한 과제로 부상하고 있다. 세계 각국은 스포츠를 국가 브랜드와 산업 성장의 전략 자산으로 인식하고 있으며, 이에 따라 스포츠 데이터의 국가 간 교류, 표준의 상호 인정, 글로벌 모범 사례(best practice) 공유 등이 활성화될 필요가 있다. 올림픽이나 월드컵과 같은 초대형 이벤트에서는 여러 국가와 기관이 데이터를 공유하고, 국제 표준을 상호 인정하는 절차가 필요하다. 특히 국제 스포츠 대회나 유소년 육성 교류 프로그램에서 발생하는 데이터의 공동 활용은 글로벌 수준의 정책 통합과 데이터 외교의 출발점이 될 수 있다.

인간 중심 접근: 스포츠 데이터와 윤리적 설계

AI가 아무리 정밀한 분석을 제공하더라도, 최종적으로 스포츠의 핵심 역량은 사람이 중심이 될 수밖에 없다. 경기의 승패는 단순히 알고리즘이 계산한 확률로만 결정되지 않으며, 인간의 감정 · 의지 · 창의성이 여전히 중심에 있다. 그렇기에 AI 분석은 반드시 '인간 중심' 원칙을 기반으로 윤리적으로 설계되어야 한다.

우선 설명 가능한 AI(Explainable AI, XAI)의 도입은 선택이 아니라 필수다. 예를 들어, 어떤 선수가 계약 연장을 거부당했을 때, AI가 내린 판단이 불투명하거나 편향적이라면 심각한 불신과 갈등이 발생할 수 있다. 혹은 팬에게 특정 맞춤형 콘텐츠가 제공될 때, AI의 결정 과정이 투명하게 설명되지 않는다면 불신은 곧바로 갈등으로 이어질 수 있다(Rudin, 2019). 따라서 AI는 '예측 정확도'뿐 아니라 '해석 가능성'과 '공정성'을 확보해야 한다.

또한 데이터가 지나치게 수량화 중심으로 흐를 경우, 인간의 정성적 가치가 배제될 위험이 있다. 팀워크, 리더십, 심리적 회복력과 같은 비정량적 요인은 선수와 팀의 성과에 중대한 영향을 미치지만, 수치화하기 어렵다는 이유로 종종 무시된다. 이는 특히 청소년 스포츠나 생활체육에서 치명적인 결과를 초래할 수 있다. 그러므로 AI는 인간의 성장을 지원하고, 감정적 · 사회적 가치를 강화하는 보조적 도구로 활용되어야 한다. 즉, AI 기반 스포츠 데이터 분석이 인간의 성장을 지원하고, 팀워크, 자율성, 창의성 등의 가치를 강화하는 방향으로 설계되어야 한다. 이를 위해 각국의 스포츠 윤리 센터, AI 윤리 위원회, 선수 협회 등이 참여하는 다자간 협의체 구성이 필요하다.

팬 경험에서도 유사한 문제가 발생할 수 있다. 지나치게 기계적인 예측과 데이터 기반 해설은 스포츠의 본질적 긴장감과 감동을 감소시킬 수 있다. 승부의 불확실성은 스포츠가 가진 가장 중요한 매력 중 하나다. 따라서 스포츠 미디어와 콘텐츠 전략은 데이터와 감성을 균형 있게 결합해야 하며, 인간적 서사를 존중하는 방향으로 설계되어야 한다.

산업과 문화로의 확장:
스포츠 데이터의 다음 지평

스포츠 데이터는 더는 경기장에만 머물지 않는다. 오늘날 스포츠는 산업 · 교육 · 건강 · 문화 · 관광 등 사회 전반과 융합되며 새로운 가치 사슬을 창출하고 있다. AI는 이러한 융합의 촉매제로 기능하며, 스포츠는 디지털 사회에서 가장 강력한 실험장이자 혁신의 플랫폼으로 부상하고 있다.

교육 영역에서 스포츠 데이터는 STEAM 교육과 결합하며, 학생들에게 수학적 모델링과 물리적 시뮬레이션을 체험적으로 학습할 기회를 제공한다. 예를 들어 실제 축구 경기 데이터를 활용한 공간 점유율 분석은 학생들에게 확률과 기하학 개념을 자연스럽게 학습시키는 도구로 기능할 수 있다. 실제 경기 데이터를 기반으로 한 수학적 분석, 가상 시뮬레이션, 전략적 사고 훈련은 학교 교육 과정과 접목되어 학습 몰입도를 높이는 데 기여도를 높일 수 있다. 또한 스포츠 영상과 데이터를 활용한 가상현실 체험, 메타버스 기반의 스포츠 리그 관람 등은 문화 콘텐츠 산업의 새로운 지평을 열고 있다.

문화 산업에서도 변화는 두드러진다. 메타버스 기반의 가상 리그 관람, AI 생성 하이라이트 영상, 팬 맞춤형

NFT 발행은 스포츠를 디지털 문화 콘텐츠의 최전선으로 끌어올리고 있다. 글로벌 팬덤 경제 속에서 데이터 기반 맞춤화는 단순한 마케팅을 넘어, '감정적 연결'을 증폭시키는 핵심 전략으로 자리 잡고 있다(Bleier & Eisenbeiss, 2015).

또한 스포츠 데이터는 사회적 포용성을 강화하는 공공 자산으로도 기능할 수 있다. 지자체가 보유한 체육 시설 이용 데이터와 지역별 건강 통계를 AI로 결합하면, 특정 계층을 위한 맞춤형 스포츠 복지 정책을 설계할 수 있다. 이는 건강 격차 해소, 사회적 통합, 지역 공동체 활성화라는 공공적 가치를 실현하는 데 중요한 도구가 된다.

AI와 스포츠 애널리틱스의 미래

앞으로의 스포츠 애널리틱스는 인간, 기술, 제도, 산업 확장의 네 축이 균형을 이루며 발전해야 한다. 인간은 의미를, 기술은 속도를, 제도는 방향을 부여한다. AI가 스포츠의 미래를 설계하는 강력한 도구임은 분명하지만, 그것이 스포츠의 본질적 가치를 훼손해서는 안 된다. 승부의 불확실성, 인간의 창의성, 공동체적 감동은 여전히 스포츠를 특별하게 만드는 핵심 요소다.

결국 AI와 스포츠의 미래는 '기술의 전면적 도입'이 아니라, '기술과 인간적 가치의 조화' 속에서 완성된다. AI는 인간의 결정을 대체하는 것이 아니라, 인간의 직관과 열정을 보완하는 협력자로 존재해야 한다. 이러한 균형 위에서만 스포츠는 산업적 성장과 사회적 가치를 동시에 달성하며, 미래 세대에게 새로운 규칙과 무대를 열어줄 것이다.

참고문헌

문화체육관광부(2024.4.9.). "제4차 스포츠산업 진흥 중장기 계획(2024-2028) 발표". https://www.mcst.go.kr/site/s_notice/press/pressView.jsp?pSeq=20987

Bleier, A. & Eisenbeiss, M.(2015). The importance of trust for personalized online advertising. *Journal of Retailing, 91*(3), pp.390~409.

Floridi, L. et al.(2018). AI4People—An ethical framework for a good AI society: Opportunities, risks, principles, and recommendations. *Minds and Machines, 28*(4), pp.689~707.

Fuller, A. et al.(2020). Digital twin: Enabling technologies, challenges and open research. *IEEE Access, 8*, pp.108952~108971. https://doi.org/10.1109/ACCESS.2020.2998358

Groll, A. et al.(2019). A hybrid random forest to predict soccer matches in international tournaments. *Journal of Quantitative Analysis in Sports, 15*(4), pp.271~287.

https://doi.org/10.1515/jqas-2018-0060

Mathis, A. et al.(2018). DeepLabCut: Markerless pose estimation of user-defined body parts with deep learning. *Nature Neuroscience, 21*(9), pp.1281~1289. https://doi.org/10.1038/s41593-018-0209-y

Rudin, C.(2019). Stop explaining black box machine learning models for high stakes decisions and use interpretable models instead. *Nature Machine Intelligence, 1*(5), pp.206~215. https://doi.org/10.1038/s42256-019-0048-x

Taddeo, M. & Floridi, L.(2018). How AI can be a force for good. *Science, 361*(6404), pp.751~752. https://doi.org/10.1126/science.aat5991

김필수

Knapp Seymour University 교수로 재직하고 있으며, 한국스포츠경영전략연구원 원장 및 ㈜데이터플레이랩스 최고경영자를 겸하고 있다. 연세대학교 경영학 박사를 수료하고 한양대학교 스포츠 산업학 박사를 취득했다. 스포츠 애널리틱스 위에 인공지능과 데이터 과학을 접목해 스포츠 산업의 패러다임을 혁신하고 있다. 문화체육관광부 2024 디지털 혁신 대표 사례인 국민체육진흥공단 경륜·경정 승자 예측 솔루션 'AI Pick'과 인공지능 기반 프로스포츠 경기 예측 서비스 'PLai PICK' 연구와 개발을 총괄했으며, 공공데이터와 첨단 AI를 결합한 혁신 모델을 현실로 구현했다. 한국연구재단에서 선정한 글로벌 박사펠로(Global PhD Fellowship)로서 국제적 연구 경쟁력을 입증했으며, 지금까지 스포츠 분야에서 80편이 넘는 연구 성과를 게재했다.

이상현

㈜데이터플레이랩스 대표다. 아주대학교에서 경영학 박사학위를 받았다. 인간과 조직, 리더십, 인간의 동기와 성과에 대한 전문성을 바탕으로 스포츠 조직과 산업에서의 조직 구성원 간 역동과 성과 등을 연구했다. 데이터 기반의 기업, NGO, 의료기관 등 다양한 산업의 조직을 대상으로 컨설팅을 진행한 바 있고, 이러한 경험을 바탕으로 스포츠 애널리틱스 분야의 연구를 진행 중이다. 40여 편의 KCI, SCI 학술지에 게재했으며, 현

재 한국스포츠경영전략연구원의 부원장을 겸임하고 있다.

전성삼

한국스포츠경영전략연구원 대표이자 ㈜데이터플레이랩스의 데이터 사이언티스트다. 인하대학교에서 문화콘텐츠문화경영학과 스포츠과학을 전공하고 상명대학교 스포츠ICT융합학과 석사 과정을 진행 중이다. 스포츠 애널리틱스 분야에서 16건의 연구를 게재했으며 국민체육진흥공단 경륜·경정 승자 예측 솔루션인 'AI Pick'과 인공지능 기반 프로스포츠 경기 예측 서비스 'PLai PICK'을 개발했다.